Heimische Beeren
in Wald und Flur

Heimische Beeren in Wald und Flur

Erkennen, Bestimmen, Sammeln, Verwerten

von

Carl Heüveldop

Aschendorff Münster

Redaktion: Winfried Daut
Grafik: Gerd Mattheis

© 1996 Aschendorffsche Verlagsbuchhandlung GmbH & Co., Münster

Das Werk ist urheberrechtlich geschützt. Die dadurch begründeten Rechte, insbesondere die der Übersetzung, des Nachdrucks, der Entnahme von Abbildungen, der Funksendung, der Wiedergabe auf fotomechanischem oder ähnlichem Wege und der Speicherung in Datenverarbeitungsanlagen bleiben, auch bei nur auszugsweiser Verwertung, vorbehalten. Die Vergütungsansprüche des § 54, Abs. 2, UrhG, werden durch die Verwertungsgesellschaft Wort wahrgenommen.

Gesamtherstellung: Druckhaus Aschendorff, Münster, 1996

ISBN 3-402-04384-X

Inhalt

Heimische Beeren in Bildern und Beschreibungen

Vorwort

Rote, grüne, blaue, gelbe oder schwarze Beeren – vielerorts kann man sie Gott sei Dank noch finden, vor allem in Wäldern, auf Lichtungen und an Hecken. Beeren zu sammeln, ist leicht und macht Spaß. Für viele ist das Sammeln von Waldbeeren sogar reizvoller als das Suchen von Pilzen. Man hat ja die saftigen Früchte vor sich und kann schnell einmal davon naschen. Außerdem braucht man Heidelbeeren, Himbeeren und Hagebutten nicht erst mühsam aufzuspüren. Mit ihren leuchtenden Farben sind sie nicht zu übersehen. Hinzu kommt noch, daß Wildfrüchte mehr Aroma besitzen als die weitaus größeren Kultursorten, was besonders bei Himbeeren und Walderdbeeren auffällig in Erscheinung tritt.
Viele Wildfrüchte aber sind ungenießbar, zum Beispiel Heckenkirschen, Liguster- und Ebereschenbeeren. Auch giftige gibt es, wie Tollkirschen und die Früchte von Eiben, Seidelbast, Maiglöckchen und Einbeeren. Durch sie kommen aber verhältnismäßig selten schwere Vergiftungen vor, viel seltener als durch giftige Pilze. Vor allem Kinder, die auf Spaziergängen und beim Spiel davon naschen, werden betroffen. Doch genießbare von ungenießbaren oder gar giftigen zu unterscheiden, ist nicht immer leicht. So versteht sich dieses Buch als ein Ratgeber:

– Es nennt gebräuchliche und wissenschaftliche Bezeichnungen.
– Es beschreibt Bestimmungsmerkmale und Standorte.
– Es informiert über wissenswerte Zusammenhänge.
– Es weist besonders auf ungenießbare, stark (☠) und schwach (☠) giftige Beeren hin.
– Es bringt altbewährte Arzneien aus Wildbeeren in Erinnerung.
– Es enthält fast hundert Rezeptvorschläge für Konfitüren, Kompotts, Säfte,
   Wein und Likör aus Wildfrüchten.

Auf amüsante Weise ist dieses Buch ein Bilderbuch, Bestimmungsbuch und Kochbuch in einem. Viel Spaß bei der Lektüre, dem Sammeln und Selbermachen!

Dieses Buch widme ich meiner lieben Frau, meinen Söhnen, Schwiegertöchtern und Enkeln, die mich beim Suchen, Bestimmen und Sammeln der vielen Beeren oft begleitet haben.

Münster, im Sommer 1995   Carl Heüveldop

Aronstab  *Arum maculatum*

Der Gefleckte Aronstab gehört zur Familie der Aronstabgewächse (Araceae).

Merkmale

Der hochgiftige Aronstab ist leicht zu erkennen. Die mehrjährige Pflanze, die 15–40 cm hoch wächst, trägt grundständige, langstielige, pfeilartig geformte grüne Blätter, die teilweise gefleckt sein können. Sie zeigt einen ungewöhnlichen, von einem hellgrünen Hochblatt tütenförmig umgebenen Blütenstand. In der Mitte steht der keulenförmig verdickte und violett-braune Blütenkolben. Am unteren Teil des Kolbens sitzen zunächst die männlichen Blüten (gelbe Staubbeutel), darunter die weiblichen (grüne Fruchtknoten). Ein mehrfacher Kranz steifer, nach unten gebogener Reusenhaare berührt das Hochblatt oberhalb der männlichen Blüten und schließt so gleichsam einen Hohlraum ab. Das Hochblatt ist glatt und zu einer Gleitfalle für Inseken ausgebildet. Der Aronstab ist jedoch keine „fleischfressende" Pflanze. Die Insekten werden von der Pflanze nicht verdaut, sondern zur Bestäubung zur Hilfe genommen: Beim Aufblühen nämlich erzeugt die Pflanze einen Geruch, der besonders kleine Schmetterlingsmücken anlockt. Die Pflanze hat zudem im unteren Hohlraum eine höhere Temperatur als die Umgebung, was weitere Tierchen anreizt. Diese können sich an der glatten Blattoberfläche nicht halten und rutschen in das Innere des Kolbens. Die sich hier heftig bewegenden Tierchen streifen Pollen an den schleimigen Narben der weiblichen Blüten ab.

Blütezeit

April/Mai–Juni.

Frucht

Die Fruchtknoten wachsen sich zu 1 cm großen, zunächst grünen, dann korallenroten, glänzenden Früchten aus. Sie sind dichtgedrängt angeordnet und bilden eine aufrechtstehende Traube. Sie tragen im Innern kugelige Samen und haben einen süßlich-scharfen Geschmack. Die giftigen Beeren werden von Vögeln gefressen und ohne Schaden verdaut. Die ausgeschiedenen Samen bleiben keimfähig und verbreiten die Pflanze. Alle Teile der Pflanze sind giftig. Schon die Berührung der Pflanze führt bei vielen Menschen zu einer heftigen örtlichen Reizwirkung, die sich durch Rötung, Brennen und Entzündung der Haut bemerkbar macht. Die leuchtendroten Beeren sind besonders für Kinder eine große Gefahrenquelle. Ihr Genuß führt zu Übelkeit und Durchfall. Zum Verhalten im Vergiftungsfall siehe Seite 157.

Standort/Verbreitung

Der Aronstab gedeiht in schattigen Buchen- und Laubmischwäldern, auf nährstoffreichen Böden, in feuchten Senken und Schluchten. Er ist in Süddeutschland häufiger als im Norden anzutreffen.

Sonstiges

In der Volksheilkunde wurde früher aus dem Aronwurz ein Heilmittel gegen Magenbeschwerden und Verschleimungen gewonnen. Die Pharmaindustrie verwendet Stoffe der Pflanze für Medikamente gegen Bronchitis und Magenschleimhautentzündung.

8

Bärentraube

Arctostaphylos uva-ursi

Die Immergrüne (oder auch Gemeine) Bärentraube gehört zur Familie der Heidekraut-gewächse (Ericaceae).

Merkmale

Der Zwergstrauch zeigt weitreichende Verzweigungen und ausgedehnte Mattenspaliere. Die immergrünen Blätter sind wechselständig angeordnet, mit kurzem Stiel, oval, etwa 2 bis 3 cm lang und fühlen sich ledrig an. Die Blüten sind klein, in endständigen 3- bis 10blütigen Trauben. Die Blütenkrone ist krugförmig, wachsartig und weiß.

Blütezeit

April–Mai.

Frucht

Die Beeren sind ab Juli gereift und den Preiselbeeren sehr ähnlich. Die scharlachroten Früchte sind kugelig, haben ein mehliges Fruchtfleisch und einsamige Steinkerne. Wegen ihres ausgeprägt säuerlichen Geschmacks werden sie nur selten gesammelt, von Vögeln und Kleinsäugern aber häufig gefressen, weil sie reich an Vitaminen sind.

Standort/Verbreitung

Die Bärentraube ist im Hochgebirge oberhalb der Waldgrenze, in Kiefernwäldern und in Heidegebieten anzutreffen.

Sonstiges

Die Blätter liefern Heilmittel gegen Harn- und Blasenleiden. So wirkt ein „Bärentraubentee" unterstützend bei Blasenkatarrh und Nierenbeckenentzündungen.

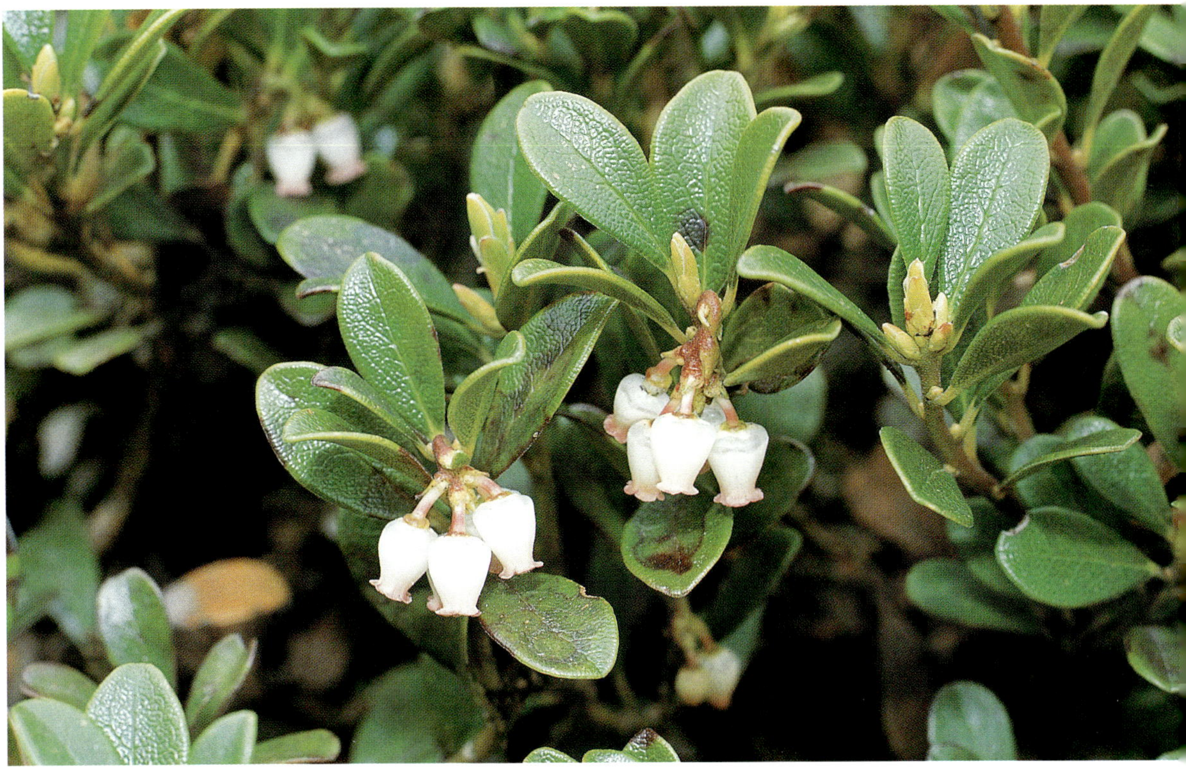

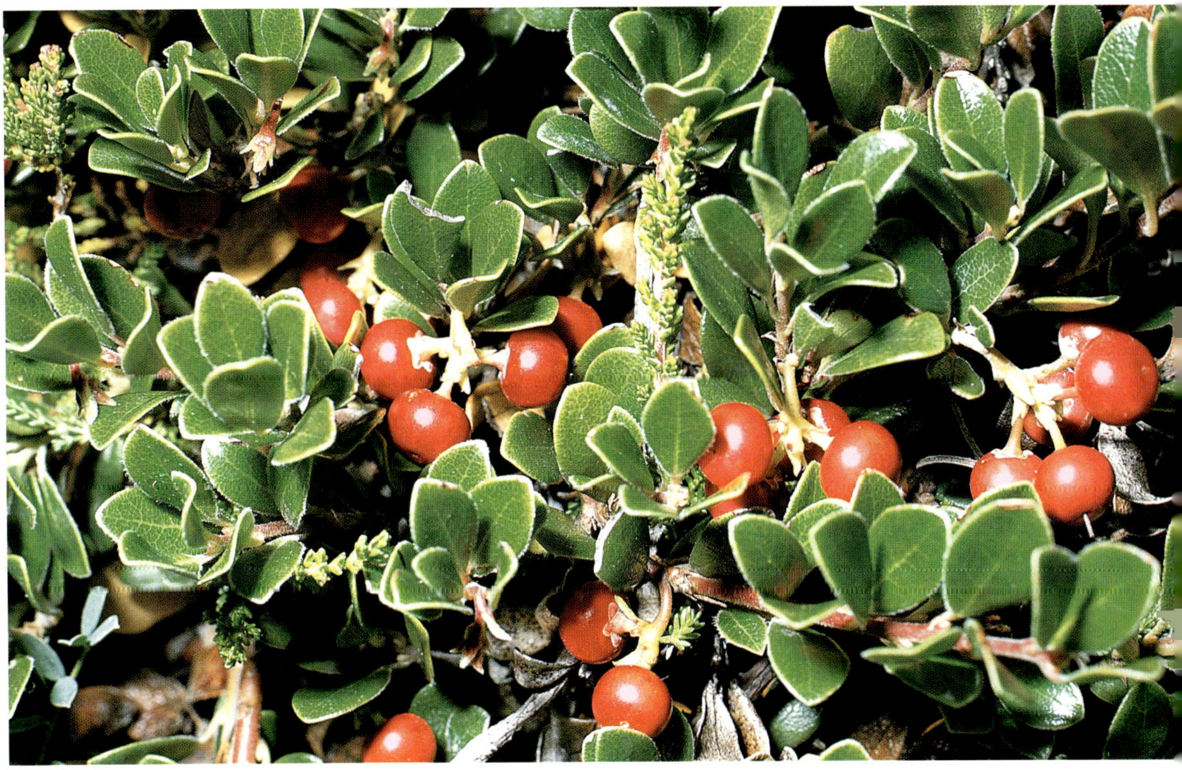

Berberitze

Berberis vulgaris

Die Berberitze, auch als Gemeiner Sauerdorn bekannt, gehört zur Familie der Sauerdorngewächse (Berberidaceae).

Merkmale

Ein aufrecht wachsender, sehr dorniger, sommergrüner Strauch, der bis zu 2 m hoch wächst. Der Strauch bildet Lang- und Kurztriebe aus. Die jungen Triebe sind hellbraun und ziemlich kantig. Die kleinen, glatten Blätter sind verkehrt-eiförmig, mit sehr kurzem Stiel und unregelmäßig gezähntem Rand. Sie sind an den Langtrieben zu 1–2 cm langen Dornen umgewandelt, an den Kurztrieben meist rosettenartig in kleinen Büscheln angeordnet. Im Herbst verfärben sie sich auffällig gelb-orange bis leuchtend-rot im Oktober. Die Blüten haben eine gelbe Farbe, zeigen sechs Kronblätter und messen etwa 6 mm. Die einzelnen Blüten sind zu hängenden Trauben zusammengefaßt. Die Blüten duften angenehm, an ihrem Grund stehen orangefarbene Honigblätter. Bemerkenswert ist die Bestäubungsvorrichtung der Blüten. Ihre Reizempfindlichkeit ist auffallend groß. Werden die Staubfäden auch nur leicht berührt, schnellen sie sofort zum Stempel hin. Die Staubbeutel öffnen sich durch von unten nach oben aufspringende Klappen.

Blütezeit

Mai–Juni.

Frucht

Die länglichen, auffallend roten Beeren reifen im September und Oktober. Sie sind ziemlich hart und schmecken säuerlich.

Standort/Verbreitung

Die Berberitze findet man an sonnigen Waldrändern, in Hecken und Gebüschen, an Böschungen und Steilhängen, bis in Höhenlagen von 1700 m.

Sonstiges

Im Frühjahr sieht man auf den Blättern der Berberitze gelbe Flecken, die eine Entwicklungsstufe des Getreiderostpilzes sind. Von hier aus werden die Sporen des Pilzes auf verschiedene Getreidearten übertragen. Als Zwischenwirt dieses Schädlings ist die Berberitze von vielen Standorten in der freien Natur verdrängt worden. Als Schmuckstrauch für Gärten und Parkanlagen ist sie wegen ihrer prächtigen Blüten und Früchte sehr beliebt.

Die Verwendung der roten Beeren im Haushalt ist nahezu in Vergessenheit geraten. Roh genossen sind sie wegen ihrer hochgradigen Fruchtsäure zwar keine Delikatesse, das gekochte Fruchtmus kann man aber mit dem von anderen Beeren vermischen und erhält dann eine sehr aromatische und wohlschmeckende Konfitüre. Die getrockneten Früchte lassen sich auch wegen ihres ausgeprägt säuerlichen Geschmacks bei der Herstellung von Marinaden für verschiedene Wildgerichte verwenden. Die nicht gesammelten Wildfrüchte bleiben oft bis ins Frühjahr an den Zweigen und dienen als Vogelfutter. Auffallend ist, daß die Früchte nicht vor Oktober/November von den Vögeln gefressen werden.

Der Strauch enthält in allen Pflanzenteilen das kreislaufanregende Berberidin. Der Berberitzentee wirkt lindernd und heilend bei Leber-, Gallen- und Nierenbeschwerden.

Bergjohannisbeere *Ribes alpinum*

Die Bergjohannisbeere, auch Alpenjohannisbeere genannt, gehört zur Familie der Stachelbeergewächse (Grossulariaceae). Sie ist verwandt mit der Gartenjohannisbeere und der Waldjohannisbeere (vgl. Seite 124).

Merkmale
Der sommergrüne Strauch ist verzweigt und vielgestaltig und wird etwa 2 m hoch. Das Stämmchen ist schlank mit brauner Rinde, die Äste sind grauberindet mit oft hängenden, bräunlich-gelben Zweigen. Die Blätter sind wechselständig angeordnet, 3- bis 5lappig, fein gezähnt und von tiefgrüner Farbe. Die Unterseite der Blätter sieht wie lackiert aus, während die Oberseite ganz fein behaart ist. Die unscheinbaren gelblich-grünen Blüten sind als aufrechte Trauben ausgebildet.

Blütezeit
April–Juni.

Frucht
Die Früchte reifen im Juli. Die kleinen, scharlachroten, vielsamigen Beeren sind schleimig und schmecken, im Unterschied zu den Gartenjohannisbeeren, fade. Sie werden nicht genutzt; wohl aber dienen sie Vögeln und Kleinsäugern als Futter.

Standort/Verbreitung
Die Bergjohannisbeere steht in lichten Wäldern, häufig in Gesellschaft mit Laubhölzern. Der dicht und früh austreibende Strauch dient in Gärten und Parks als Ziergehölz und Heckenpflanze.

Brombeere

Rubus fruticosus

Die Brombeere gehört zur Familie der Rosengewächse (Rosaceae). Ein besonderes Kennzeichen der Rosengewächse ist, daß ihre Blüten normalerweise aus fünf Kelchblättern und fünf Kronblättern bestehen.

Merkmale

Der Brombeerstrauch kommt überwiegend in großer Zahl an einem Standort vor und wächst mit aufrechten, bogig gekrümmten und auch auf dem Boden liegenden Trieben. Diese Wuchsformen bauen das ideale Verhau auf, das den Beerensammlern das Vorankommen schwer macht, aber vielen Tieren Unterschlupf oder Nistplatz bietet. Der Wurzelstock der Brombeere ist ausdauernd. Aus ihm sprießen im Frühjahr fruchtbare Triebe mit späteren Blüten und Früchten hervor, und unfruchtbare Ranken, die sich mit der Spitze nach unten neigen. Berühren die Ranken den Erdboden, beginnen sie, Wurzeln zu schlagen. Die Ranken lassen nach oben gerichtete Seitentriebe wachsen, die im zweiten Jahr Blüten und Beeren tragen. Die absterbenden Zweige, holzig und bräunlich gefärbt, tragen noch viele Jahre das grüne Gesamtgebäude des Brombeerstrauches, der sich zu einer weiträumigen Hecke auswächst. Durch intensive Durchwurzelung des Bodens und reichlich Laubfall tragen Brombeeren zur Bodenverbesserung bei. Der Strauch ist sommergrün und wird bis 2 m hoch. Die Blätter sind wechselständig an einem stacheligen Stiel angeordnet, oben dunkelgrün, unten milchig-grün. Ihre typische Form ist elliptisch, verkehrt-eiförmig und dreizählig. Die Blüte ist weiß oder rosa und als Doldentraube angeordnet.

Blütezeit

Eine einheitliche Blütezeit hat die Brombeere nicht. Ab Mai/Juni zeigen sich die ersten Blüten. Oft sieht man Blüten, unreife und reife Beeren an einem Strauch, manchmal sogar noch beim ersten Schneefall.

Frucht

Die Brombeere ist keine Beere im eigentlichen Sinn, sondern eine Sammelfrucht aus vielen kleinen Steinbeeren. Sie hat zunächst eine grüne, dann rote und ausgereift eine blauschwarze Farbe. Reife Beeren findet man schon Ende Juli. Je nach Art der Pflanze sind sie unterschiedlich dick und von unterschiedlichem Geschmack.

Standort/Verbreitung

Die Standorte der Brombeere liegen meist an der Schatten- oder Halbschattenseite, in Wäldern, Gebüschen, Lichtungen und in Heide- oder Moorgebieten. Sie fehlt nur an extrem trockenen, nassen oder nährstoffarmen Standorten. Sie ist von der Ebene bis in die Gebirgsregion (800 m) verbreitet.

Sonstiges

Die wohlschmeckenden Früchte haben einen hohen Vitamingehalt und werden gerne zu Konfitüren und Säften verarbeitet. Rezeptvorschläge auf Seite 138.
In der Naturheilkunde werden die getrockneten Blätter als Heilmittel gegen Durchfall oder äußerlich bei Hautkrankheiten angewandt. Da die Sträucher auch im Winter noch beblättert sind, dienen sie auch als Nahrung für das Wild.

Christophskraut ☠

Das Christophskraut gehört zur Familie der Hahnenfußgewächse (Ranunculaceae).

Merkmale

Aus einem kräftigen, schwarz-braunen Wurzelstock entwickelt sich eine etwa 30–60 cm hohe Staude. Der Laubaustrieb beginnt im April. Auf dem aufrechten kahlen Stengel stehen etwa 20–30 cm große, langgestielte, dreizählig gefiederte Laubblätter. Sie verbreiten einen scharfen, unangenehmen Geruch, vor allem, wenn man sie zwischen den Fingern zerreibt. In den Blattachseln und am Stengelende wachsen dichtgedrängte Blütentrauben. Jede Einzelblüte hat 4–6 weiße Kelch- und Kronblätter und zahlreiche weiß bis blaßviolett gefärbte lange Staubblätter, die einen birnenförmigen Fruchtknoten umstehen. Die Blüten des Christophskrauts haben keine Nektarien. Da die Blütenhüllblätter leicht abfallen, locken stattdessen die vielen weißen Staubgefäße Insekten an.

Blütezeit

Mai–Juni.

Frucht

Die Früchte reifen Anfang August. Die erst grünen, dann glänzend-schwarzen, eiförmigen, vielsamigen, etwa 1 cm großen Beeren sind giftig und rufen nach Verzehr Entzündungen der Verdauungsorgane hervor und beeinträchtigen den Kreislauf. Zum Verhalten im Vergiftungsfall siehe Seite 157.

Standort/Verbreitung

Das Christophskraut wächst vor allem auf kalkhaltigem Boden in den feuchten und schattigen Laubwäldern und Schluchten der Mittelgebirge. Es wird als Ziergewächs in Gärten und Parkanlagen angepflanzt, auch in weiß- und rotbeerigen Sorten.

Sonstiges

Das Christophskraut ist eine alte Heilpflanze, die aber heute keine Verwendung mehr findet.

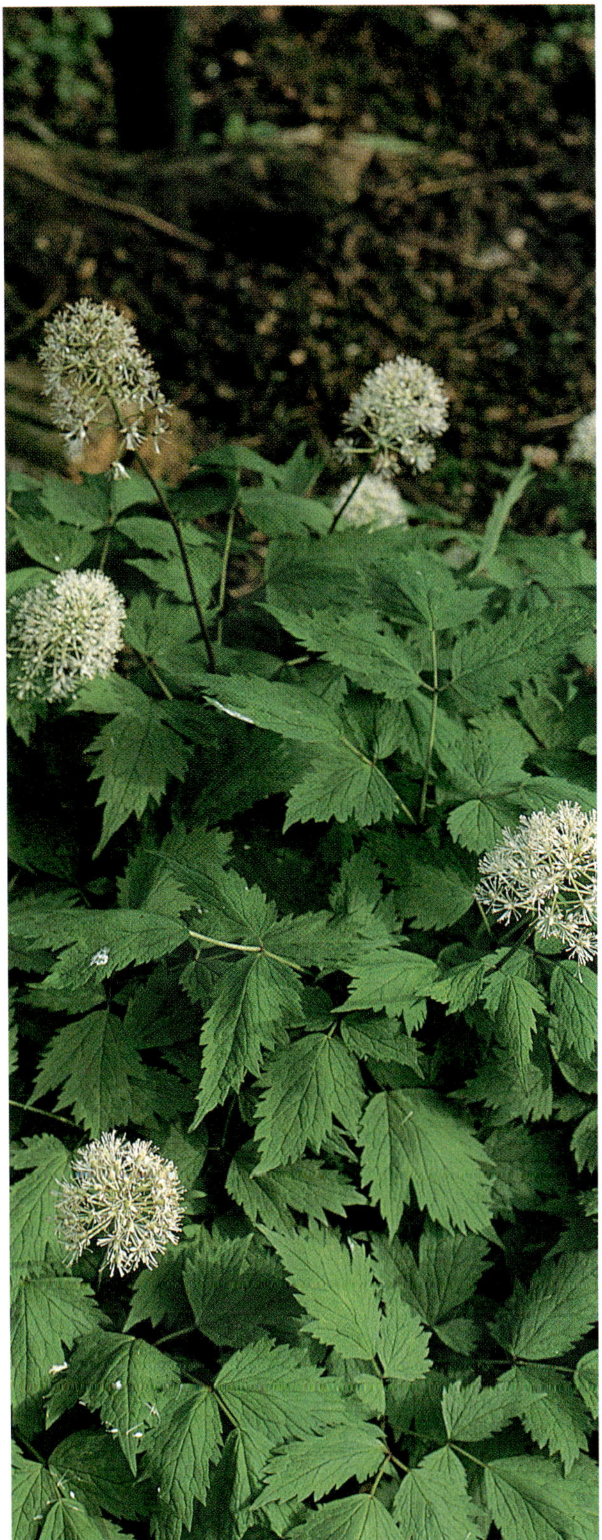

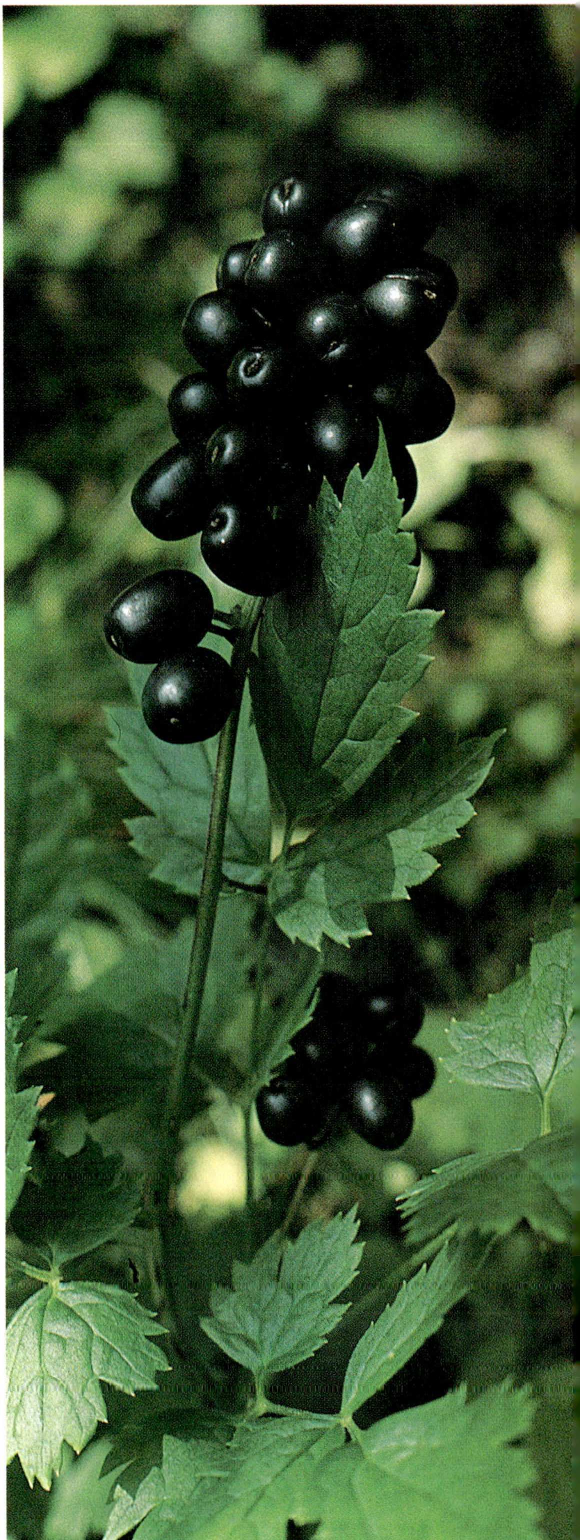

Eberesche, Vogelbeerbaum *Sorbus aucuparia*

Die Eberesche gehört zur Familie der Rosengewächse (Rosaceae).

Merkmale

Die sommergrüne Eberesche wächst als großer Strauch oder auch als Baum. Unter guten Bedingungen wird ein Baum bis über 10 m hoch. Er bildet eine regelmäßige, breite, dichte und schönbelaubte Krone aus und hat ein tiefreichendes und weit ausgebreitetes Wurzelwerk. Die olivgrüne bis graue Rinde junger Zweige ist weich behaart. An den Zweigen stehen wechselständig 10–15 cm lange, unpaarig gefiederte Blätter. Die Fiedern sind lanzettförmig, an den Rändern einfach gesägt, oberseits dunkelgrün, unterseits blau-grün und anfänglich locker behaart. Die Blätter zeigen im Herbst eine leuchtend gelb-rote Färbung. Die weißen Blüten der Vogelbeere riechen unangenehm fischig und aufdringlich. Sie haben einen Kelch mit 5 Zipfeln, die zunächst aufrecht stehen und später nach unten geneigt sind, und 5 Blütenblätter von 4–5 mm Länge. In der Mitte der Staubblätter befinden sich 3 aufrechte, mit Härchen versehene Griffel. Der Fruchtknoten hat 3 Kammern. Die Blüten bilden große, reichblütige Trugdolden.

Blütezeit

Mai–Juni.

Frucht

Im Juli/August setzen die kugeligen Apfelfrüchtchen an. Ihre volle Schönheit erreicht die Eberesche, wenn die zunächst grünen, dann gelblichen Beeren reif geworden sind. Die roten Fruchtbüschel leuchten weithin aus dem Grün des Blattlaubes. Die Früchte tragen oben noch die vertrockneten Reste des Kelches. Schneidet man sie vorsichtig auf, erkennt man im Innern drei durch Querwände abgeteilte Kammern, in denen die Samenkerne liegen.

Standort/Verbreitung

Wichtig für das Gedeihen der Eberesche sind kalkarme, humusreiche, mäßig feuchte Böden. An den Nährstoffgehalt stellt sie keine besonderen Ansprüche. So findet man sie in Laub- und Nadelmischwäldern, am Waldrand, auf Lichtungen, an Hecken, auf Schutthalden und in Hochmooren. Die Eberesche ist frosthart (die Blüte aber spätfrostgefährdet) und in ganz Europa weit verbreitet, vom Tiefland bis zur Baumgrenze.

Sonstiges

Die Eberesche wächst sehr schnell; sie erreicht ein Alter von etwa 80–100 Jahren. Das Laub der Eberesche wirkt starkt bodenverbessernd; außerdem verdrängt sie Unkraut und stellt somit auch ein wertvolles Schutzgehölz dar. Sie dient sogar als Lawinenschutz. In der Landschaftsgestaltung wird sie gerne als Straßenbaum verwendet, da sie wenig empfindlich gegen Abgasbelastung ist. Auch in der Forstwirtschaft erfährt sie eine neue Wertschätzung. Die Samen werden durch Vögel verbreitet, für die die Früchte im Winter eine wichtige Nahrungsquelle sind. Die Vogelbeere ist reich an Vitamin C, weshalb man sie auch „Zitrone des Nordens" nennt. Als Arzneimittel wirken sie auf die Harnorgane, bei Magenverstimmungen und Durchfall. Vorzüglich lassen sich die Beeren zu Konfitüren, Kompotts und Säften verarbeiten. Rezepte siehe Seite 139.

Efeu

Hedera helix

Der Efeu gehört zur Familie der Araliengewächse (Araliaceae).

Merkmale

Auf dem Boden kriechende oder mit Haftwurzeln bis 20 m hoch kletternde, immergrüne, verholzende Pflanze. Die Blütensprossen bilden keine Haftwurzeln; sie stehen ab oder hängen über. Der Efeu hat langgestielte, wechselseitig angeordnete dunkelgrüne Blätter. Die Schattenblätter haben einen herzförmigen Grund, sind drei bis fünfeckig gelappt, wogegen die Sonnenblätter rhombisch leicht zugespitzt und eiförmig sind. Die kleinen, grünlich-gelben Blüten stehen in kugeligen Dolden zusammen.

Blütezeit

September–Oktober.

Frucht

Die runden, 8–10 mm dicken, blau-schwarzen Beeren sind vorne etwas abgeflacht und zeigen in der Mitte kurze Griffelreste. Sie haben ein mehliges Fruchtfleisch und im Steinkern braune, runzelige Samen. Die Früchte reifen erst im Jahr nach der Blüte, von März bis Mai.

Standort/Verbreitung

Der Efeu ist eine der bekanntesten und schönsten Kletterpflanzen, die in Gärten und Parks wachsen. Am besten gedeiht er in Halbschatten oder Schatten. Große Ansprüche an den Boden stellt die Pflanze nicht. Sie wächst im allgemeinen auf schwachsauren und neutralen Böden, die gut mit Wasser versorgt werden. Ein lehmiger Boden ist ideal für ihr Wachstum.

Sonstiges

Efeu kann mehrere hundert Jahre alt werden. Die Früchte schmecken bitter, sind sehr giftig und besonders für Kinder gefährlich. Darum sollte Efeu nicht in der Nähe von Spielplätzen stehen. Siehe Seite 157.

23

Eibe 

Taxus baccata

Die Eibe gehört zur Familie der Eibengewächse (Taxaceae).

Merkmale

Die Eibe wächst als immergrüner Strauch oder Baum, der bis zu 15 m hoch wird. Auffällig ist die rötlich geflammte, im Alter zimtbraune Borke, die stark längsrinnig und in Platten abgeblättert ist. Für einen Nadelbaum ungewöhnlich ist die Wuchsform. Bereits in geringer Höhe verzweigt sich nämlich der Stamm, und es sieht so aus, als ob mehrere schwächere Bäume zu einem einzigen starken Stamm zusammengewachsen sind. Außerdem treiben Eiben am Stamm aus schlafenden Knospen immer wieder aus. Alte Stämme tragen so vielfach einen Mantel aus kurzen, grünen Zweigen. Die Nadeln sind 2–4 cm lang und 2–3 mm breit. Sie sind flach und weich und haben eine nicht stechende Spitze. Oberseits sind sie glänzend dunkelgrün, unterseits heller bis gelblich. Sie sind in zwei einander gegenüber stehenden Reihen angeordnet. Die Ränder sind nur schwach umgebogen. Sie haben eine Lebensdauer von 3–8 Jahren und fallen dann ab. Die Eibe gehört zu den wenigen zweihäusigen Baumarten, bei denen die männlichen und weiblichen Blüten auf verschiedenen Bäumen wachsen. Die männlichen und weiblichen Blütenknospen sind schon im Herbst in den Achseln einjähriger Nadeln angelegt. Die männlichen Bütenzapfen bestehen aus schuppigen Blättchen und vielen schildförmigen Staubblättern, die gelblichen Pollen hervorbringen. Die kleineren und unscheinbareren weiblichen Blüten stehen einzeln auf kurzen Stielchen und enthalten nur je eine Samenanlage. Die weibliche Blüte scheidet eine Flüssigkeit ab, die den Pollen auffängt.

Blütezeit

März–April.

Frucht

Nach der Befruchtung wächst um den Samen ein Ring, der später zum fleischigen, im Herbst scharlachroten Mantel (Arillus) wird. Er ist eine Scheinfrucht von 6–8 mm Größe, welche von Vögeln gefressen wird, die somit für die Weiterverbreitung sorgen.

Standort/Verbreitung

Man findet die Eibe stellenweise im Nadel- und Laubwald als Unterholz, da sie Halbschatten liebt. Sie bildet niemals größere Bestände, sondern steht allein oder in kleinen Gruppen. Sie hat eine Vorliebe für kalkhaltige Böden und verträgt gut Schatten. Sie bevorzugt Meeresklima und steigt nicht höher als 1800 m. Die Eibe ist vielerorts im Rückgang begriffen und bei uns in freier Natur unter Schutz gestellt. Andererseits werden Eiben seit langer Zeit als Zierpflanzen in Parks, Gärten und Friedhöfen angepflanzt.

Sonstiges

Alle Teile der Eibe, vor allem auch die Nadeln, sind sehr giftig. Merkwürdigerweise können Wiederkäuer Eibenzweige ohne Schaden fressen, während Pferde schon bei geringen Mengen Vergiftungserscheinungen zeigen. Selbst einzelne zerkaute Nadeln führen zu Übelkeit, Schwindelgefühl und Leibschmerzen. Zum Verhalten im Vergiftungsfall siehe Seite 157.

Einbeere 

Paris quadrifolia

Die Einbeere gehört zur Familie der Liliengewächse (Liliaceae).

Merkmale

Die Einbeere (oder auch Wolfsbeere), entfernt verwandt mit dem Maiglöckchen, hat ein besonderes Aussehen. Aus einem bis zu 50 cm tiefen Wurzelstock wächst bis zu 30 cm hoch ein schlanker Stiel, am dem sich ein Quirl aus vier Blättern bildet. Sie sind groß, eiförmig, zugespitzt und von einem Netz von Nerven oder Adern durchzogen. Darüber erhebt sich an einem längeren Stiel eine einzige grüne Blüte, die von länglichen, dünnen und zum Teil fadenförmigen Hüllenblättern umgeben wird. Diesem äußeren Kreis folgt ein zweiter innerer von acht gespreizten, gelb-grünen Staubgefäßen, deren Beutel eine pfriemförmige Spitze tragen. In ihrer Mitte steht der grüne Fruchtknoten.

Blütezeit

Mai–Juni.

Frucht

Die einzige Frucht entwickelt sich auffallenderweise bereits im Hochsommer in den Monaten Juli bis Anfang August. Sie nimmt die Größe einer Kirsche an und wird zur glänzenden blau-schwarzen Beere, die von der allein noch übriggebliebenen Blütenhülle gestützt wird.

Standort/Verbreitung

Die Pflanze bevorzugt grundwasserfeuchten und nährstoffreichen Lehmboden in Laub-, Misch- und Auenwäldern.

Sonstiges

Die Beere ist giftig. Sie wirkt betäubend und ruft Schwindelanfälle, Erbrechen und Durchfall hervor. Den saftigen und verlockend aussehenden Beeren, die der Volksmund als schwarze Perle des Waldes bezeichnet, fallen Kinder sehr leicht zum Opfer, die sie in ihrer Unbekümmertheit für Blaubeeren halten. Zum Verhalten im Vergiftungsfall siehe Seite 157. Von Vögeln und auch Mäusen werden die Beeren gefresssen und die Samen durch deren Kot zu neuen Standorten gebracht.

Als Heilpflanze ist die Einbeere nicht mehr im Gebrauch. Früher wurden in der Volksheilkunde Wunden und Geschwüre mit dem frisch ausgepreßten Pflanzensaft behandelt. Die hier ausgenutzte desinfizierende Wirkung brachte der Pflanze auch den Namen Pestbeere ein, da man im Mittelalter Gegenstände, die von Pestkranken berührt worden waren, mit Einbeersaft reinigte.

Elsbeere

Die Elsbeere gehört zur Familie der Rosengewächse (Rosaceae).

Merkmale

Der Elsbeerbaum ist ein kleinerer Baum, der selten über 15 m hoch wächst. Er hat als einzeln stehendes Gehölz eine dichtbelaubte, eiförmige Krone. Sein gerader Stamm trägt eine glatte, aschgraue Rinde, die sich schuppt und mit der Zeit schwärzlich wird. Die tief gelappten, etwa 10 cm großen Blätter erinnern an Ahornblätter. Oberseits sind sie glänzend grün, unterseits anfangs weich behaart, im Herbst rot. Die weißlich-rosafarbenen Blüten stehen in dichten Doldenrispen und haben etwa 20 Staubblätter, die einen Stempel umgeben, dessen zwei Griffel am Grunde miteinander verwachsen sind.

Blütezeit

Mai–Juni.

Frucht

Ende September/Anfang Oktober reift die Elsbeere. Sie ist rundlich elliptisch, 1,5 cm dick, anfangs gelb-rot, zuletzt lederbraun. Sie ist von säuerlichem Geschmack und im überreifen Zustand teigig und genießbar.

Standort/Verbreitung

Der Elsbeerbaum liebt mildes Klima, sonnige Plätze auf basenreichen, trockenen Kalkböden, die nährstoffreich und tiefgründig sein sollten. Er meidet nassen Untergrund sowie Sandböden und steht bis in Höhenlagen von 900 m.

Sonstiges

Die Elsbeere wächst ziemlich langsam. Durch ihr großes Ausschlagvermögen ist sie in Niederwäldern eine wichtige Pflanze. Sie wird auch in der Straßenbepflanzung verwendet. Ihr Holz ist hart, schwer und elastisch und besonders für Drechsler- und Holzschnitzarbeiten wertvoll. Die Früchte sind zur Herstellung von Branntwein verwendbar und als Zusätze bei Konfitüren und Kompotts. Rezepte siehe Seite 140.

Fächerzwergmispel ☠   *Cotoneaster horizontalis*

Die Fächerzwergmispel gehört zur Familie der Rosengewächse (Rosaceae). Die Gattung der Cotoneaster weist etwa 20 Arten auf.

Merkmale
Die sommergrüne Fächerzwergmispel wird etwa 1 m hoch, zeigt waagerechte Hauptäste mit zweizeilig verzweigten Seitenzweigen. Die Blätter sind wechselständig angeordnet, breit elliptisch, kurzgestielt, oberseits dunkelgrün, unterseits grün, aber schwach behaart. Die kleinen, zwittrigen Blüten entwickeln sich an kurzen Seitentrieben. Sie haben fünf Kelchblätter und ebenso viele weiß oder rötlich gefärbte Kronblätter.

Blütezeit
April–Mai.

Frucht
Die Fruchtblätter wachsen im September/Oktober zu einer kugeligen, scharlachroten Scheinfrucht heran. An der Spitze sitzen noch kurze Kelchblättchen. Häufig bleiben die Früchte bis zum Winter an den Zweigen haften.

Standort/Verbreitung
Die Fächerzwergmispel liebt offene, sonnige, steinige Hänge. Man findet sie in vielen Gärten und Parks als gefragte Zierpflanze. Nahezu alle Cotoneaster-Arten, so auch die Fächerzwergmispel, sind winterhart und industriefest. Diese Eigenschaft macht sie für die Begrünung von Straßenrändern und Autobahnmittelstreifen wertvoll.

Sonstiges
Die Beeren sind giftig und besonders für Kinder eine Gefahr, weil sie sich durch die auffälligen Früchte zum Naschen verlocken lassen. Zum Verhalten im Vergiftungsfall siehe Seite 157.

Faulbaum  *Rhamnus frangula*

Der Faulbaum, auch Pulverholz genannt, gehört zur Familie der Kreuzdorngewächse (Rhamnaceae).

Merkmale
Der Faulbaum wächst als Strauch bis zu 4 m und als Baum etwa 7 m hoch. Die glatte Rinde ist grau-braun und weiß gesprenkelt. Die Rinde riecht faulig (daher der Name). Die Blätter sind einfach und wechselständig; ihre Form ist eiförmig, oben sind sie zugespitzt. Sie werden 2–5 cm lang. Die Länge des Blattstiels beträgt 2 cm. Die weiß-grünlichen, zwittrigen Blüten sind doppelt fünfzählig und stehen in 2- bis 10blütigen Trugdolden.

Blütezeit
Lange Blütezeit von April bis August, so daß man auf ein und demselben Zweig Blüten und Früchte verschiedenen Reifegrades finden kann.

Frucht
Die kugelige Steinfrucht mißt 5–8 mm. Sie reift zwischen Juli und Oktober; erst rot, färbt sie sich dann später dunkelblau bis schwarz-violett. Der Volksmund nennt sie auch Tintenbeere oder Grünbeere wegen des schwarz-grünen Saftes.

Standort/Verbreitung
Der Faulbaum liebt frischen, mäßig feuchten Boden, kann aber auch auf sehr nassem und trockenem Boden wachsen. Man findet ihn in Gebüschen und als Unterholz, in Mooren und in Höhen bis zu 1000 m.

Sonstiges
Die Beeren sind für Menschen giftig. Sie verursachen Durchfall und Krämpfe. Zum Verhalten siehe Seite 157. In der Naturheilkunde werden zur Herstellung von abführenden Mitteln getrocknete Rinde und Früchte verwendet. Der Faulbaum wächst rasch und eignet sich zur Begrünung feuchter Flächen. Sein Holz ist weich und leicht. Holzkohle vom Faulbaum wurde früher zur Herstellung von Schießpulver verwendet. Daher auch die Bezeichnung „Pulverholz". Auf dem Lande nennt man den Faulbaum auch Stinkbaum.

33

Felsenbirne *Amelanchier ovalis*

Die (Gemeine) Felsenbirne gehört zur Familie der Rosengewächse (Rosaceae).

Merkmale

Die Felsenbirne ist ein Strauch, der bis zu 3 m hoch wird und meist verkrümmte, braune oder graue Äste besitzt. Ihre Zweige sind schlank und oft nur spärlich mit Laub bedeckt. Die Blätter werden 2–4 cm lang und haben einen kurzen, filzigen Stiel; sie sind eiförmig, am Grunde der Spreite abgerundet und fein gezähnt. Oberseits sind die Blätter dunkelgrün, unterseits zeigen sie eine hellblaue bis hellgrüne Färbung. Die auffallenden Blüten entwickeln sich schon vor dem Laubausbruch. 3–6 zwittrige Blüten stehen in endständigen Rispen. Die Blütenhülle ist doppelt fünfzählig: kurze, schmal-dreieckige Kelchblätter und schmale, lange, weiße Kronblätter.

Blütezeit

April–Mai.

Frucht

Die kugeligen, birnenförmigen, matt blau-schwarzen Früchte (8–10 mm) reifen im August/September. Sie tragen an der Spitze lange Kelchzipfel, sind eßbar und haben ein saftig-mehliges Fruchtfleisch.

Standort/Verbreitung

Die Felsenbirne wächst vereinzelt auf sehr mageren Böden, gedeiht aber gerne auf felsigen Kalkböden. Sie liebt trockene, sonnige Standorte. An Südhängen findet man sie in Felsspalten, auf Schutthalden und in lichten Wäldern und Gebüschen. In Deutschland im Süden und Südwesten häufig, bis in Höhenlagen von 1800 m.

Sonstiges

Die Früchte sind verwendbar für Kompotts und Konfitüren. Rezepte siehe Seite 140. In Gärten und Grünanlagen wird häufig ihrer frühen, schönen Blüte und der feuerroten Herbstfärbung wegen die „Kanadische" Felsenbirne (Amelanchier lamarckii) angepflanzt.

Feuerdorn

Pyracantha coccinea

Der Feuerdorn gehört zur Familie der Rosengewächse (Rosaceae).

Merkmale
Der mit der Zwergmispel nah verwandte Feuerdorn ist ein immergrüner, bis zu 5 m hoch wachsender Dornstrauch mit dunkelbrauner Rinde. Seine fein gesägten, 4–6 cm langen, lanzettlichen, ledrigen Blättchen sind wechselständig angeordnet und zeigen oberseits eine glänzend dunkelgrüne und unterseits eine blaßgrüne Farbe. Die kleinen, 1 cm breiten, weißrötlichen Blüten stehen in dichten Doldentrauben.

Blütezeit
Mai–Juni.

Frucht
Ende August wachsen die orangefarbigen, kugeligen Früchte, die bis in den Spätherbst ausreifen. Im Innern der Früchte finden sich 5 eingebettete Samen oder Nüßchen.

Standort/Verbreitung
Der Feuerdorn gedeiht gut auf trockenen, meist schweren Böden. Er wird in Gärten und Parks angepflanzt wegen seines Blütenschmucks und seiner herrlichen Fruchtdolden.

Sonstiges
Die Beeren werden von Vögeln gefressen, wenn sie – voll ausgereift – einen süßlichen Geschmack haben. Die Beeren sind im strengen Sinne nicht giftig, sollten aber nicht gegessen werden, da sie blausäurebildende Stoffe enthalten und, in größeren Mengen genossen, Krämpfe und Durchfall verursachen.

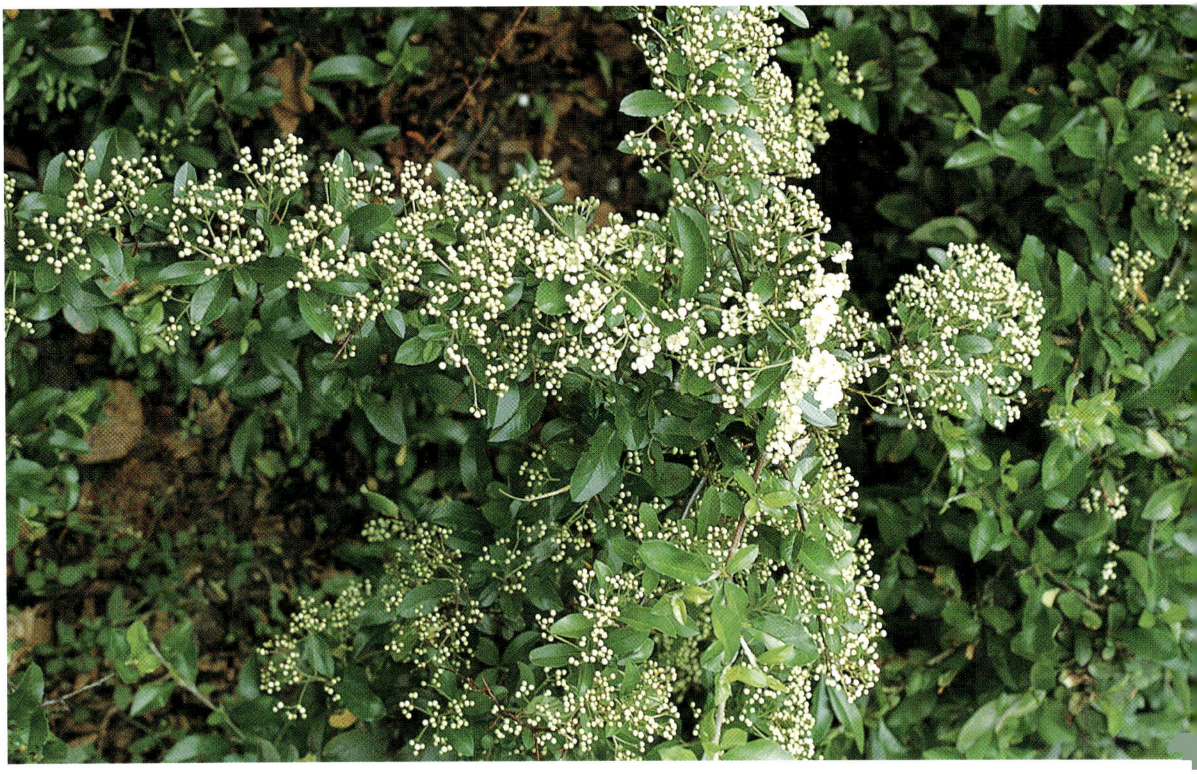

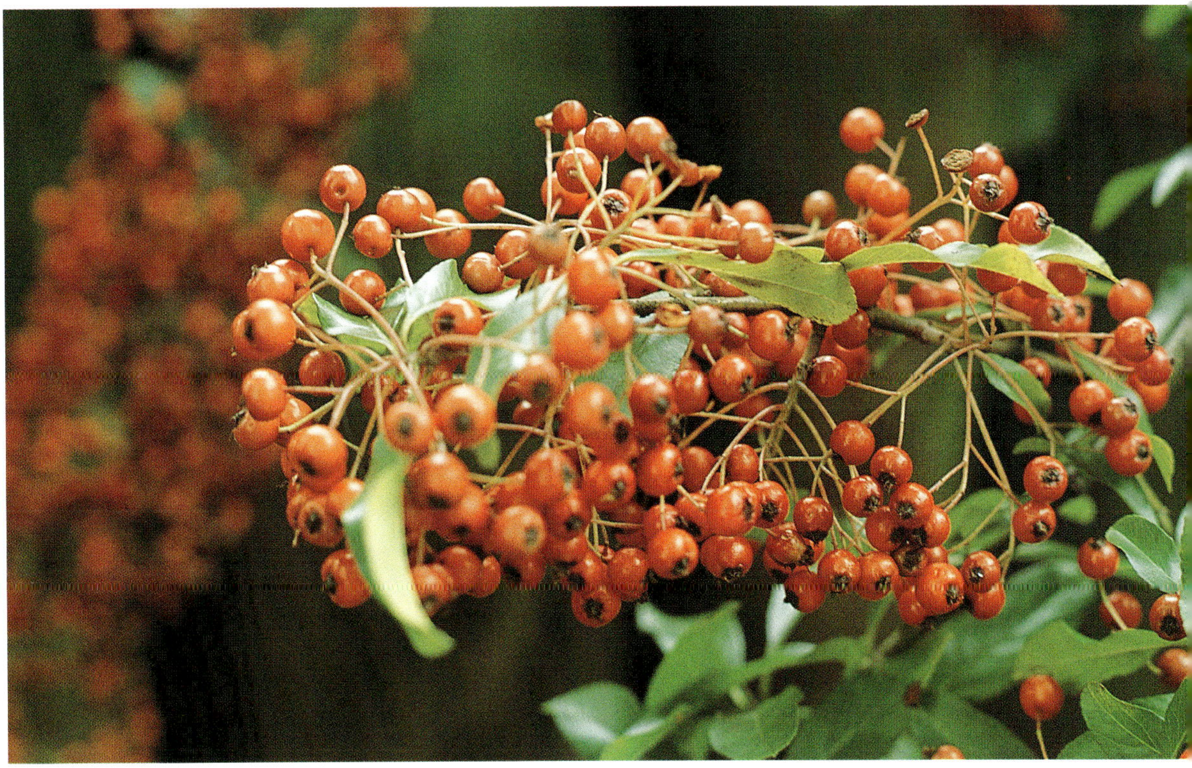

Waldgeißblatt  *Lonicera periclymenum*

Das Waldgeißblatt gehört zur Familie der Geißblattgewächse (Caprifoliaceae).

Merkmale
Das Waldgeißblatt ist ein 4 m hoch wachsender, rechtswindender, aber auch kriechender und bodendeckender Schlingstrauch. Die jungen bräunlichen Triebe sind anfangs behaart, auf der Sonnenseite rötlich und innen hohl. Im April entwickeln sich gegenständig angeordnete Blätter, unten kurzgestielt, oben sitzend und nicht miteinander verwachsen. Von der Form sind sie ei-lanzettlich, verkehrt-eiförmig oder oval und 4–10 cm lang. An blattachselständigen, kurzgestielten Blütenköpfchen entfalten sich prachtvolle Blütenkränze. Die zweilippige Blütenkrone ist gelblich-weiß gefärbt, ihre Außenseite oft rot überlaufen. Über 2 cm lang wird ihre schmale, gebogene Kronröhre, aus der Staubblätter und Griffel hervorragen. Ihr Aussehen erinnert an Orchideen.

Blütezeit
Juni–Juli.

Frucht
Die kugeligen, dunkelroten Beeren sind etwa 8 mm groß und reifen im August/September. Sie sitzen in dichten Doppelbeeren zu endständigen Paketen zusammen.

Standort/Verbreitung
Das Waldgeißblatt verträgt besonders viel Schatten, wächst vorzugsweise auf feuchten, aber warmen Böden mit hohem Nährstoffgehalt. Zerstreute Vorkommen finden sich von der Ebene bis in Höhenlagen von 800 m.

Sonstiges
Die Blüten des Waldgeißblattes öffnen sich am Abend. Sie verbreiten ihren intensiven, wohlriechenden Duft erst nachts. Es heißt darum auch wohlriechendes Geißblatt. Als Zierstrauch findet es häufiger Verwendung. Die Beeren sind für Menschen nicht genießbar, für Vögel aber ein wichtiges Futter.

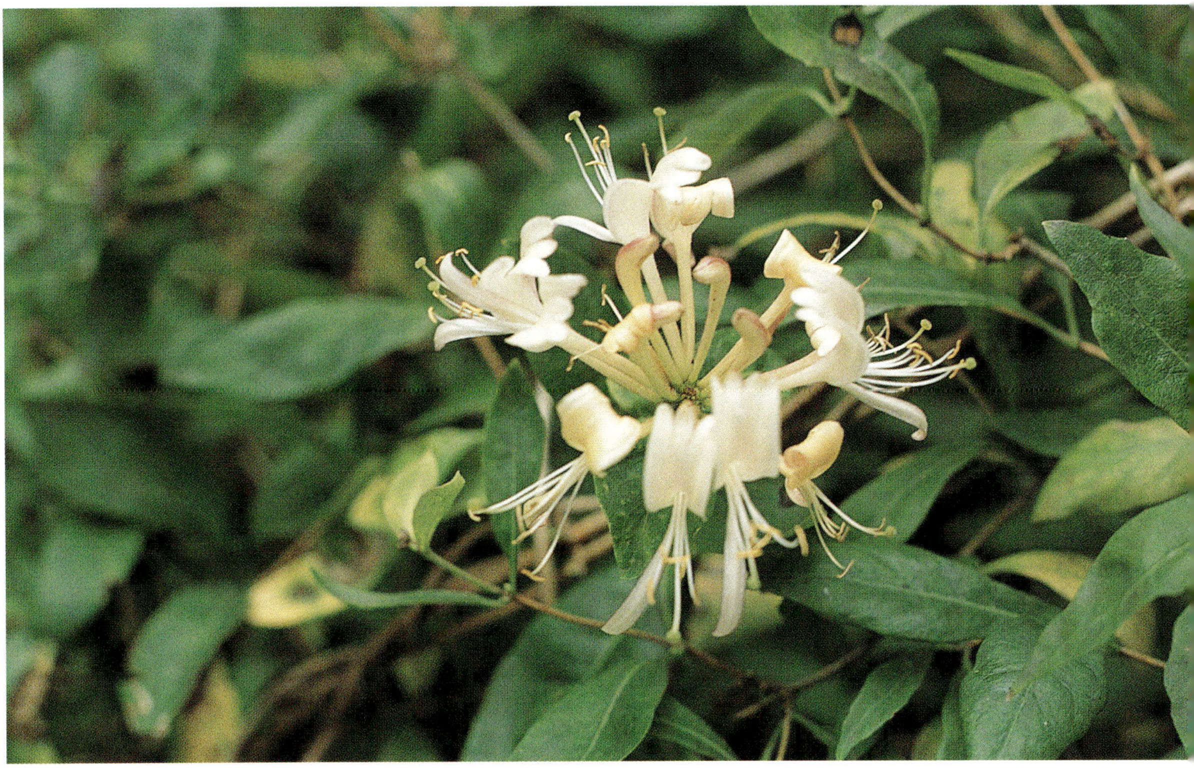

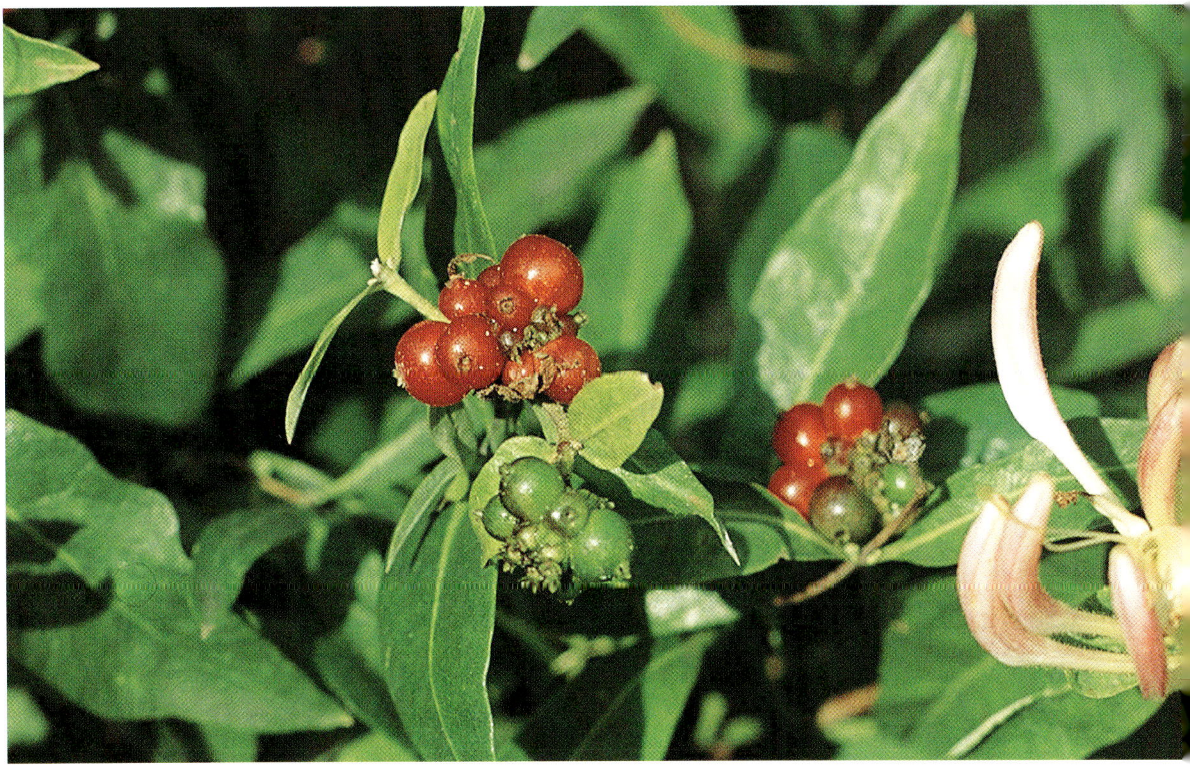

Roter Hartriegel

Cornus sanguinea

Der Rote Hartriegel gehört zur Familie der Hartriegelgewächse (Cornaceae)

Merkmale

Der Hartriegel wächst als aufrechter Strauch mit rötlichen Zweigen bis zu 5 m hoch. Die rötliche oder bräunliche Rinde ist feinrissig und strömt, wie die Wurzeln, einen unangenehmen Geruch aus. Die dunkelgrünen Blätter sind gegenständig angeordnet, werden bis zu 8 cm lang, sind oval oder elliptisch, nicht gezähnt und zeigen 4–5 erhabene und gebogene Seitennervenpaare. Der Blattstiel ist kurz, nur etwa bis zu 1 cm lang. Nach dem Laubausbruch entfalten sich die Blüten in Gruppen von 20 bis 100 Blüten und bilden doldenförmige Blütenstände. Sie haben je 4 Kelch-, Blüten- und Staubblätter. Die Narbe ist von Nektar umgeben.

Blütezeit

Mai–Juni.

Frucht

Im September reifen die kugeligen, 6–8 mm großen schwarzen, weißgetupften Früchte, die einen glatten, zweisamigen Steinkern enthalten. Sie schmecken bitter und sind nicht genießbar.

Standort/Verbreitung

Der Hartriegel gedeiht auf lockerem, kalkhaltigen Boden und verträgt auch anhaltenden Schatten. Man findet ihn an Waldrändern, in Gebüschen und an Gewässerrändern bis auf 1200 m Höhe.

Sonstiges

Hartriegel wächst langsam. Er ist geeignet als Ziergehölz in Grünanlagen, als Deckgehölz bei der Landschaftsgestaltung, auch als Unterholz und zur Randbepflanzung. Er gilt als anspruchslos und bietet sich durch Stockausschlag und Wurzelsprosse als Pionierpflanze und Bodenfestiger an. Das Holz ist wertvoll und wird gerne für Drechselarbeiten verwendet. Die Früchte sind ungiftig und sehr fetthaltig und werden darum von Vögeln und Kleinsäugern gefressen, die auch so den Samen verbreiten. Es kommt häufiger vor, daß die Früchte des Hartriegels, die man in einigen Gegenden auch Schietbeeren oder Totentraube nennt, mit den Früchten des Faulbaumes verwechselt werden (vgl. Seite 32).

Rote Heckenkirsche ☠ *Lonicera xylosteum*

Die Rote Heckenkirsche gehört zur Familie der Geißblattgewächse (Caprifoliaceae).

Merkmale

Die Rote Heckenkirsche wächst als immergrüner, sparrig-dünnästiger Strauch bis zu 3 m hoch. An den dunkelgrau-braunen Zweigen entwickeln sich die breit-elliptischen, ganzrandigen, zugespitzten und am Grunde meist abgerundeten Laubblätter. Ihre beiden Seiten sind dicht kurz behaart, auf der Unterseite grau-grün. Auf einem 2 cm langen, flaumhaarigen Stiel, der in den Blattachseln entspringt, stehen immer zwei Blüten. Die 10–15 mm langen Blütenblätter sind am Grunde zu einer Kronröhre verwachsen. Sie bilden eine zweilippige, gelblich-weiß gefärbte Blütenkrone, die innen und außen behaart ist.

Blütezeit

Mai–Juni.

Frucht

Aus den Fruchtknoten der beiden Blüten entstehen im Herbst erbsengroße, glasartig glänzende, hellrote Beeren, die nicht selten zwillingsartig zusammengewachsen sind.

Standort/Verbreitung

Man findet die Rote Heckenkirsche in Laub- und Mischwäldern, an Waldrändern, in Gebüschen und Hecken. Sie bevorzugt trockenen, kalkhaltigen, humusreichen Untergrund. Sie ist in Mitteleuropa weit verbreitet vom Tiefland bis in 1200 m Höhe.

Sonstiges

Das Holz der Roten Heckenkirsche ist widerstandsfähig und hart und wird gerne zum Drechseln verwendet. Die Beeren werden besonders von Drosseln und Grasmücken gefressen, sind aber für Menschen giftig und verursachen Erbrechen und Durchfälle (siehe Seite 157).

Hundsrose

Die Hundsrose gehört zur Familie der Rosengewächse (Rosaceae).

Merkmale

Ein sommergrüner, schnellwachsender Strauch, der bis zu 3 m hoch wird. Er hat bogig überhängende Zweige. Zweige und Blätter sind stachelig. Die Blätter (6–10 cm lang) sind wechselständig angeordnet und 5- bis 7paarig gefiedert. Die einzelnen Fiederblättchen sind elliptisch, scharf unregelmäßig gezähnt und zeigen eine mittelgrüne Farbe. Der Austrieb beginnt im April. Die Herbstfärbung ist fahl-gelb. Ein blühender Wildrosenstrauch gehört zum Schönsten, was die Natur hervorbringt. Jede Blüte kommt im dichten Blättergewand klar zur Geltung. Die nur schwach oder gar nicht duftenden Blüten stehen meist einzeln. Sie haben eine fünfzählige Blütenhülle mit großen, weißlich-rosafarbenen Kronblättern.

Blütezeit

Juni.

Frucht

Die glatten, ovalen, leuchtendroten, etwa 2 cm langen Früchte der Hundsrose sind die bekannten wilden Hagebutten. An der Spitze sind sie mit den Resten der Staubblätter dunkel gekrönt. Im Innern der Frucht finden sich die zahlreichen, seidig behaarten Samen. Die Hagebutten reifen im September/Oktober.

Standort/Verbreitung

Die Heckenrose findet man an Wald- und Wegrändern, an Gebüschen und Hecken, an Feldgehölzen und steinigen Hängen. Besonders gut gedeiht sie auf tiefgründigen, lockeren, steinigen oder sandigen Lehmböden. Bei uns ist sie häufig verbreitet, auch in höheren Lagen bis zu 1400 m Höhe.

Sonstiges

Die windfeste, unempfindliche Heckenrose eignet sich besonders gut als Bodenbefestiger an Hängen und Böschungen. Ihr Holz wird gerne in der Kunstschreinerei verwendet. Für Vögel und Wild ist die Heckenrose Schutzgehölz und Nahrungslieferant. Die Hagebutten schmekken süß-säuerlich und haben einen hohen Vitamin-C-Gehalt. Man macht aus ihnen u. a. Konfitüre, Likör und Wein. Rezepte siehe Seite 140. Hagebuttentee aus getrockneten Früchten wirkt bei Nieren- und Blasenentzündungen sowie Darmstörungen.

Jeder weiß aus seinen Kindertagen, daß man die haarigen Hagebuttensamen als „Juckpulver" verwenden kann. Es verursacht heftiges Brennen auf der Haut. Nach dem Abfallen der Blätter im Herbst sieht man an den Zweigen der Hundsrose moosartige Gebilde. Bei diesen holzigen Auswüchsen handelt es sich um Gewebewucherungen, die durch die Eiablage von Rosengallwespen hervorgerufen werden.

Die sehr ähnliche Heckenrose (Rosa corymbifera) wurde früher als Unterart der Hundsrose angesehen. Heute betrachtet man sie als eigenständige Art.

Heidelbeere

Vaccinium myrtillus

Die auch unter dem Namen Blaubeere (Bickbeere, Schwarzbeere, Taubeere) bekannte Heidelbeere gehört zu der Familie der Heidekrautgewächse (Ericaceae).

Merkmale

Sie wächst als 15–50 cm hoher, sommergrüner, stark verzweigter Zwergstrauch mit weitreichenden, unterirdischen Kriechwurzeln. Die scharfkantigen, grünen Zweige stehen meist aufrecht. Die Blätter sind länglich-eiförmig, spitz, kurz gestielt, fein gesägt, krautig, beiderseits grün, kahl und fallen im Herbst ab. Die Blüte hängt meist einzeln in den Blattachseln. Die Blütenkrone ist krugförmig oder kugelig, meist mit 5 verwachsenen, grün-rötlich überlaufenen Kronblättern.

Blütezeit

Mai–Juni.

Frucht

5–8 mm große, kugelige, schwarzblaue Beere mit Resten des Blütenkelches an der Oberseite und einem Reifbelag. Die Blaubeere reift von Juli bis September und hat einen *roten* Saft.

Standort/Verbreitung

Die Heidelbeere liebt kargen, sauren, jedoch humusreichen und nicht zu trockenen Boden. Sie ist in Nadelwäldern und auf Heiden anzutreffen, vor allem in Gebirgsgegenden bis zur Waldgrenze. In ausgewachsenen Beständen bildet sie einen dichten, aber flachen Wurzelfilz. Dieser dient auch der Erneuerung der Heidelbeere und breitet sie aus.

Sonstiges

Die Heidelbeeren sind wohl die bekanntesten und beliebtesten Waldbeeren. Sie werden roh gegessen, auch mit Milch, und zu Konfitüre, Kompott, Saft und Wein verarbeitet. Rezepte siehe Seite 142. Die Beeren werden nicht nur von einzelnen Liebhabern gesammelt, sondern von Sammlerkolonnen geerntet, oft mit einem Streifkamm, der den Pflanzen schadet. Mehrere Tausend Tonnen Wildobst werden so jährlich allein in Deutschland geerntet. Man hat mit Erfolg versucht, die Heidelbeere als Plantagen- und Gartenpflanze zu züchten. Diese aus Nordamerika stammende Kulturheidelbeere (Vaccinium corymbosum) kann bis zu 1,5 m hoch werden. Der Geschmack der erbsen- bis kirschgroßen Früchte ist flacher als der der wilden Beere, und ihr Saft färbt nicht.
Die Heidelbeere ist reich an Stoffen, die der Gesundheit und dem Wohlbefinden des Menschen dienen. In der Volksheilkunde verwendet man getrocknete Heidelberen oder auch Tee aus den Blättern bei Magen- und Darmkatarrh.

Schwarzer Holunder *Sambucus nigra*

Der Schwarze Holunder gehört zur Familie der Geißblattgewächse (Caprifoliaceae).

Merkmale

Der Holunder wächst als Baum oder Strauch 4–7 m, höchstens 10 m hoch. Sein Stamm kann dann über 30 cm Durchmesser haben. Als Strauch bildet er mehrere Hauptstämme mit vielen Ästen aus. Die Rinde ist gelb-braun bis grau und wird im Alter rissig. An jungen Zweigen ist sie grün. Die Zweige enthalten ein weiches, weißes Mark. Sehr früh, manchmal schon im März, beginnt der Laubaustrieb. Die Blätter sind gegenständig angeordnet, unpaarig gefiedert mit meist 5 eiförmig-länglichen Fiedern, die zwischen 5 und 10 cm lang werden. Der Holunder hat weiße Blüten mit gelben Staubbeuteln und 5teiliger, radförmiger Krone, angeordnet in schirmförmigen Trugdolden mit meist 5 Hauptstrahlen.

Blütezeit

Juni–Juli.

Frucht

Im September/Oktober erscheinen die 5–6 mm großen, blau-schwarzen oder schwarzen Beeren. Sie enthalten 3 bräunliche, eiförmige Samenkörner und einen roten Saft. Die mit Beeren versehenen Dolden neigen sich durch ihre Last nach unten. Die Äste des Fruchtstandes färben sich zur Zeit der Reife rot bis violett.

Standort/Verbreitung

Der Holunder, dessen Samen durch Vögel verbreitet wird, findet sich an Ufern, Waldrändern, Zäunen und in Hecken. Auch als Unterholz ist er verbreitet. Er liebt frische, humusreiche Ton- und Lehmböden mit hohem Nährstoffgehalt. Bei guten Böden wächst er ausgesprochen schnell. Mitunter bildet er ein fast unausrottbares Gestrüpp. Der schwarze Holunder ist weit verbreitet, vor allem in der Ebene und in mittleren Gebirgslagen.

Sonstiges

Der Holunder wird in Volksliedern gerne besungen und spielt im Volksglauben eine große Rolle. Er gilt als Strauch, in welchem die guten Geister wohnen und als schützender Lebensbaum. Aufgrund seiner heilkräftigen Wirkung nennt man ihn auch „Herrgottsapotheke". In der Naturheilkunde verwendet man getrocknete Blätter, Blüten sowie Rinde und Wurzeln zur Herstellung von blutreinigenden, harn- und schweißtreibenden Mitteln, die zur Heilung von Gicht, Rheuma, Wassersucht oder Verstopfung beitragen. Aus den ausgehöhlten Ästen lassen sich Flöten schnitzen oder auch Blasrohre, mit denen Kinder gerne die grünen Beeren verschießen.
Aus den Blütendolden bäckt man die leckeren „Holderküchlein". Das Rezept siehe Seite 144. Holunderbeeren soll man nicht roh essen, weil sie einen schwachgiftigen Wirkstoff enthalten. Die reifen Früchte sind reich an Zucker, Calcium und Vitamin C und werden hauptsächlich zu Saft und Konfitüre verarbeitet. Rezepte siehe Seite 144.

49

Roter Holunder/Traubenholunder

Sambucus racemosa

Auch der Traubenholunder gehört zur Familie der Geißblattgewächse (Caprifoliaceae).

Merkmale

Diese weniger bekannte Holunderart hat ihren Namen, weil ihre Blüten und Früchte in Trauben stehen. Er ist ein sommergrüner, kleinerer Strauch, der bei guten Bedingungen bis zu 4 m Höhe erreichen kann. Die Stämme haben eine leuchtende, braun-rote Rinde, die im Alter dunkler wird. Die Zweige enthalten weiches, bräunlich-gelbes Mark. Die Blätter des Traubenholunders setzen sich aus länglichen Fiederblättchen zusammen, die zugespitzt und gezähnt sind. Sie gleichen denen des Schwarzen Holunders und haben ebenso wie dieser 5 gestielte Fiederblättchen. Der Traubenholunder gehört mit dem Schwarzdorn zu den frühestblühenden Fruchtsträuchern. Die Blüten sind gelb-grünlich bis weißlich.

Blütezeit

April–Mai.

Frucht

Die scharlachroten, 4–5 mm großen, kugelfömigen Steinfrüchte reifen im Juli/August und enthalten 3 Kerne.

Standort/Verbreitung

Der Traubenholunder wird auch Bergholunder genannt, da er im Gegensatz zum Schwarzen Holunder vor allem im Hügel- und Bergland gedeiht. In den Alpen etwa bis 2000 m Höhe.

Sonstiges

Der Traubenholunder eignet sich zur schnellen Begrünung von Rohböden. Das vitaminreiche Fruchtfleisch ist ohne die (giftigen) Samenkerne genießbar. Man verwendet die Beeren zur Herstellung von Marinaden, Gelees, Konfitüre, Mus oder Saft. Rezepte siehe Seite 145. Vor allem aber ist der Traubenholunder ein guter Nistplatz für die Vögel und liefert ihnen mit seinen Beeren Futter.

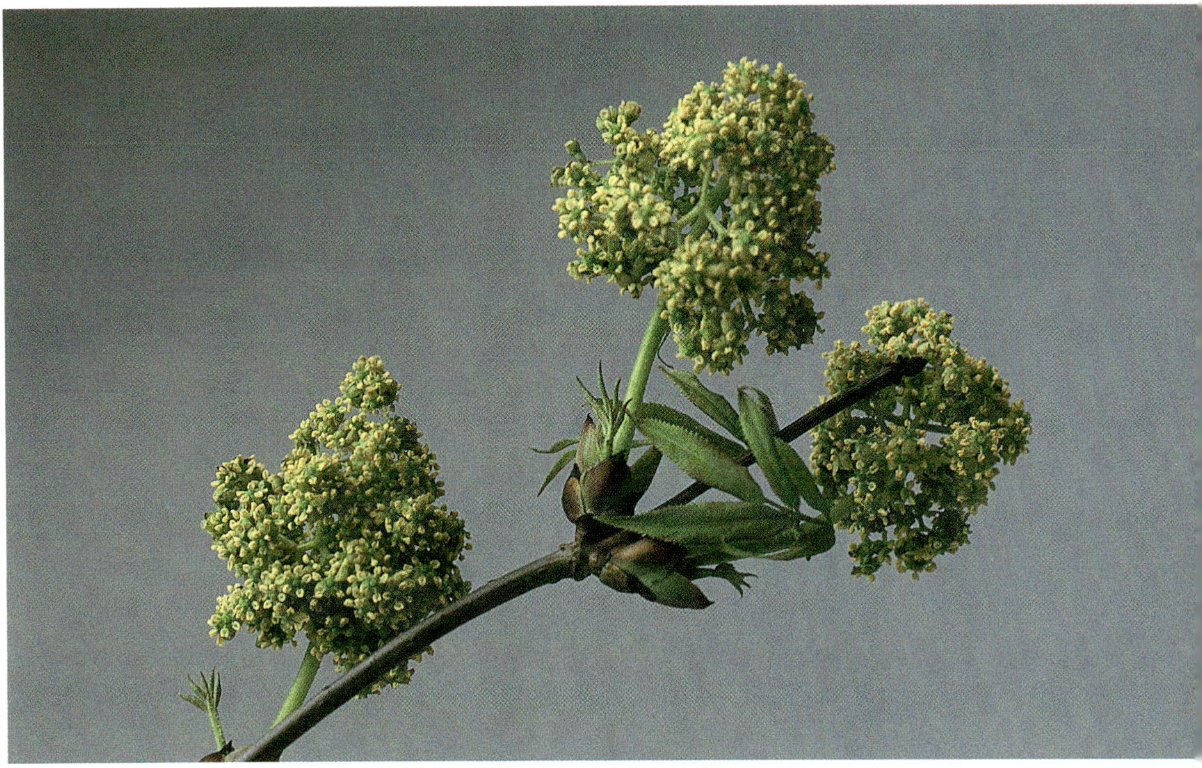

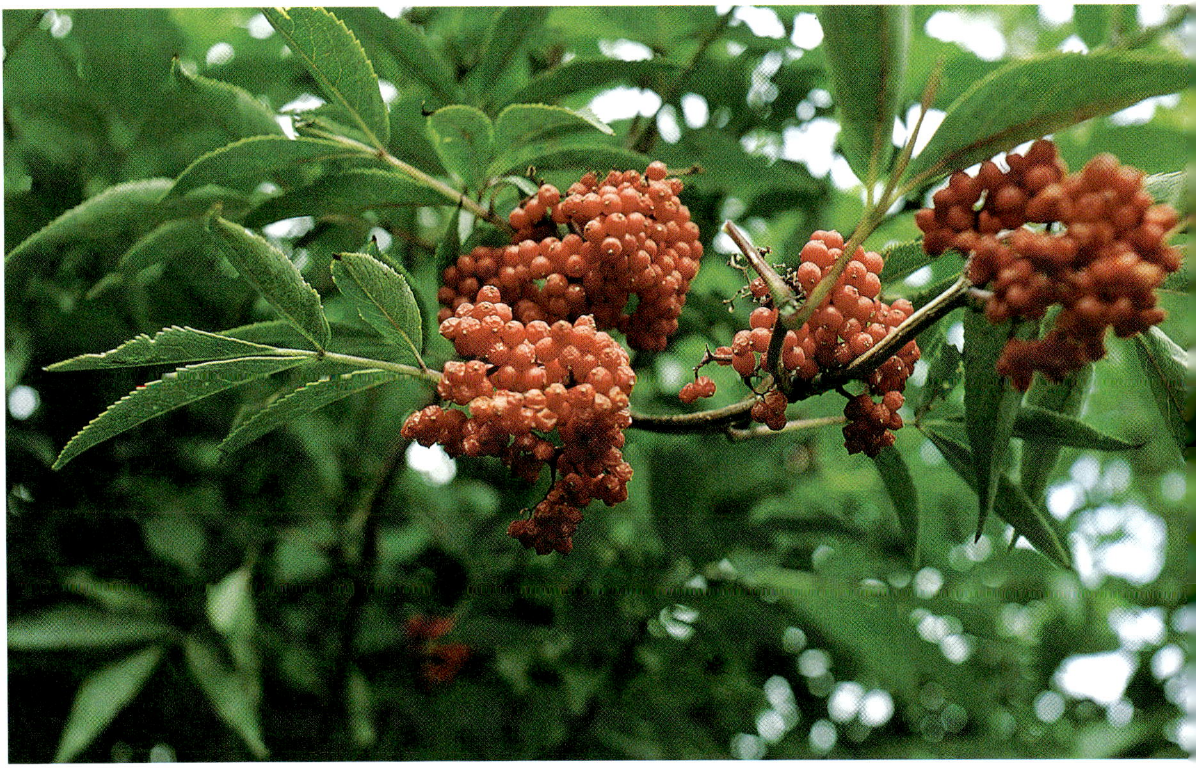

Holzapfel

Malus sylvestris

Der Holzapfel gehört zur Familie der Rosengewächse (Rosaceae).

Merkmale

Ein sommergrüner Baum mit einer Höhe bis zu 10 m, der bei schlechteren Standortbedingungen auch strauchartig, mehrstämmig wächst. Die grau-braune Rinde ist rissig und blättert in großflächigen Schuppen ab. Die Blätter sind einfach, spitz, eiförmig, an der Basis der Spreite meist herzförmig, kurz gestielt, oberseits etwas runzelig, unterseits in der Jugend dünn behaart; ältere Blätter werden an der Oberseite dunkelgrün, mit deutlicher Blattnervenzeichnung. Die Blattränder sind ein wenig eingerollt und gezähnt. Die Blätter bilden ein buschiges Laubwerk, das auf rot-braunen Zweigen wächst. Die nichtblühenden Seitentriebe enden oft in Dornen. Die schönen Blüten stehen in wenigblütigen Doldentrauben zusammen. Die fünfzählige, doppelte Blütenhülle besteht aus kleinen Kelchblättern und rosaweißen, eiförmigen Kronblättern, die sich vor der Blüte als dunkelrosa Knospe zeigen.

Blütezeit

April–Mai.

Frucht

Die kugeligen, etwa 3 cm großen Früchte sind gelb-grün, manchmal rot überzogen, am Stiel und oben an den Kelchzipfeln vertieft. Sie bestehen aus dem fleischig entwickelten Blüten-/Fruchtbecher, der sich um die pergamentartigen Fruchtblätter mit den dunkelbraunen Samen schließt. Die Früchte reifen erst im September/Oktober.

Standort/Verbreitung

Der Holzapfel bevorzugt kalkreichen Boden, der aber nicht zu feucht sein sollte, und sonnige Standorte. Er wächst an Waldrändern oder in Gebüschen, zerstreut verbreitet bis in eine Höhe von 1100 m.

Sonstiges

Die Früchte schmecken herb-säuerlich. Früher wurden sie häufig nach Frosteinwirkung verzehrt, oder es wurden aus ihnen Säfte und Gelees hergestellt. Heute findet der Holzapfelbaum Verwendung als Kreuzungspartner in der Apfelzüchtung und wird vermehrt zur Bepflanzung von Straßenböschungen und Waldrändern und wegen seiner schönen Blüten auch als Ziergehölz eingesetzt.

Holzbirne

Auch die Holzbirne gehört zur Familie der Rosengewächse (Rosaceae).

Merkmale

Die Holzbirne wird als einzeln stehender Baum bis zu 20 m hoch. Ihr dicker Stamm hat in der Jugend eine glatte, grüne Rinde, die mit der Zeit braun wird und sich schuppt. Je nach Standort ist die Holzbirne auch als Strauch ausgebildet. Als Baum hat sie aufgerichtete Äste und eine mäßig breite Krone. Die Langtriebe der Äste enden mit einer spitzen Knospe oder in einem Dorn. Die Kurztriebe sind ebenfalls oft mit spitzen Dornen versehen. Die Blätter sind wechselständig angeordnet, langgestielt, mit fein gesägtem Blattrand, zeigen oberseits eine glänzend dunkelgrüne und unterseits eine mittelgrüne, grau überzogene Färbung. Im Herbst verfärben sich die Blätter auffallend gelb bis orange-rot. Die schönen, fünfblättrigen Blüten sind weiß mit roten Staubbeuteln. Meist stehen 3–9 Blüten doldenartig an einem Stiel.

Blütezeit

April–Mai.

Frucht

Von August bis Oktober reifen die kleinen, bitteren Früchte heran. Sie sind nur 3 bis 4 cm groß, rund bis birnenförmig und sitzen unter dem eingetrockneten Blütenkelch an einem 2–4 cm langen Stiel.

Standort/Verbreitung

Die Holzbirne gedeiht gut auf leichten, kalkhaltigen Böden. Sie wächst zerstreut an Waldrändern, Hecken, Gebüschen und sonnigen Plätzen. Wo ihr die Bedingungen zusagen, vermag sie über 150 Jahre alt zu werden. Sie kommt in der Ebene vor und wächst bis in mittlere Gebirgslagen, vor allem in Kalkgebieten.

Sonstiges

Die vielfach selten gewordene Wildbirne sollte wieder viel häufiger angepflanzt werden. Sie ist ein frost- und krankheitsresistentes Gehölz. Das Holz ist schwer und hart, gut polierbar, in der Möbelindustrie verwendbar und auch im Freien dauerhaft. Die Früchte finden in der Wildfütterung Verwendung. Zuweilen werden die Bäume dazu auch in ausgesprochenen Forstgärten angepflanzt.

Die Edelbirne stammt von Arten aus dem Balkan und Ostasien ab, nicht – wie früher angenommen – von der Holzbirne.

Gemeine Jungfernrebe · *Parthenocissus inserta*

Die Jungfernrebe gehört zur Familie der Weinrebengewächse (Vitaceae).

Merkmale

Die Jungfernrebe ist ein sommergrüner Kletterstrauch, der an Zäunen und Mauern mit 2- bis 5teiligen schlingenden Ranken 10–15 m hoch wächst. Die wechselständig angeordneten Blätter sind siebenzählig gefingert, fein gestielt und zeigen eine elliptische Form. Der Auswuchs beginnt schon im April und zeigt oberseits hellgrünes, grob gesägtes, später dunkelgrünes, unterseits weißlich-grünes Laub. Die kleine, unauffällige, weißlich-grüne Blüte zeigt rispenartige Blütenstände und duftet schwach.

Blütezeit

Juli.

Frucht

Im September/Oktober reift die kugelige, blau-schwarze, wenig bereifte, etwa 6 mm dicke, 2- bis 3samige Beere. Die Früchte der Jungfernrebe sind ungenießbar.

Standort/Verbreitung

Die Jungfernrebe dient bei uns zur Begrünung von Hausflächen oder von Pavillons und Pergolen. Wegen der wunderschönen rot-orangenen Herbstfärbung der Blätter ist sie sehr beliebt.

Kornelkirsche

Die auch unter den Namen Gelber Hartriegel, Herlitze oder Dirlitze bekannte Kornelkirsche gehört zur Familie der Hartriegelgewächse (Cornaceae).

Merkmale

Die Kornelkirsche wächst als sommergrüner Strauch oder seltener als kleiner Baum bis in eine Höhe von 5–6 m, höchstens aber 8 m. Die Rinde ist dünn, gelb-braun und schuppig; an den Jungtrieben ist sie grau. Die kurzstieligen Blätter sind einfach und ganzrandig, oval, spitz zulaufend und gegenständig angeordnet. Sie werden etwa 8–10 cm lang und zeigen 4 gebogene Nervenpaare. Oberseits sind sie mattgrün, unterseits etwas heller und beidseitig fein behaart. Die kleinen, zartgelben Blüten stehen in kugeligen Trugdolden an den vorjährigen Zweigen und erscheinen schon lange vor dem Laubaustrieb. In jeder Dolde befinden sich etwa 20–25 Einzelblüten, die je 4 Kelch-, Blüten- und Staubblätter aufweisen.

Blütezeit

(Februar) März–April.

Frucht

Die etwa 12 mm lange Steinfrucht reift im September, leuchtet scharlachrot aus dem grünen Laub und schließt einen länglichen, zweisamigen Kern ein.

Standort/Verbreitung

Die Kornelkirsche steht bevorzugt auf kalkigem Boden. Sie ist kälteempfindlich und steigt nicht weiter als 900 m in die Höhe. Langsamwüchsig vermag sie aber sehr alt zu werden. Ihre Heimat ist Südeuropa, wo sie auch als Obststrauch kultiviert wird.

Sonstiges

Die Kornelkirsche eignet sich gut zur Anpflanzung von Hecken und zur Begrünung von Straßenböschungen und Schuttflächen. Als Zierstrauch ist sie ein geschätzter Vorfrühlingblüher. Das Holz ist sehr schwer und hart, verwendbar bei Drechslerarbeiten und beim Instrumentenbau. Die Früchte haben einen hohen Vitamin-C-Gehalt, können auch roh gegessen werden und eignen sich zur Herstellung von Konfitüre, Gelee, Saft, Wein und Likör. Rezepte siehe Seite 146.

Getrocknete und frische Früchte fanden und finden noch in der Volksmedizin wegen ihrer fieber- und blutdrucksenkenden Wirkung Anwendung. Da die Kornelkirsche sehr früh blüht, ist sie für die Bienen ein wichtiger Pollenlieferant. Für Wild und Vögel sind die Früchte im Winter ein gern angenommenes Futter.

Schwarze Krähenbeere *Empetrum nigrum*

Die Krähenbeere gehört zur Familie der Krähenbeerengewächse (Empetraceae).

Merkmale

Die Krähenbeere wächst als 20–50 cm hoher Zwergstrauch mit dornenlosen, niederliegend-ausgebreiteten Sprossen, die größere Teppiche bilden können. Die Blätter sind wechselständig, fast quirlständig angeordnet, nadelförmig, linealisch, sehr kurz gestielt, glänzend, unterseits hell gekielt, am Rand zurückgerollt, im Querschnitt hohl. Die Blüten sind meist zweihäusig, unscheinbar und blaßrot.

Blütezeit

April–Juni.

Frucht

Eine auffällige, schwarzglänzende Steinbeere, die 6–9 einsamige Kerne enthält, reift im August. An der Spitze ist die Frucht von einem 2- bis 8teiligen Narbenköpfchen gekrönt.

Standort/Verbreitung

Sie braucht sauren, sandigen und lockeren Boden und wächst auf Torfmooren, Heiden, alpinen Matten, Dünen und in Nadelwäldern. In Nordeuropa verbreitet, kommt sie im Norden Deutschlands noch häufiger vor, in den Mittelgebirgen zerstreut bis selten.

Sonstiges

Die häufig als ungenießbar angesehenen Früchte werden in Nordeuropa roh und als Gelee gegessen.

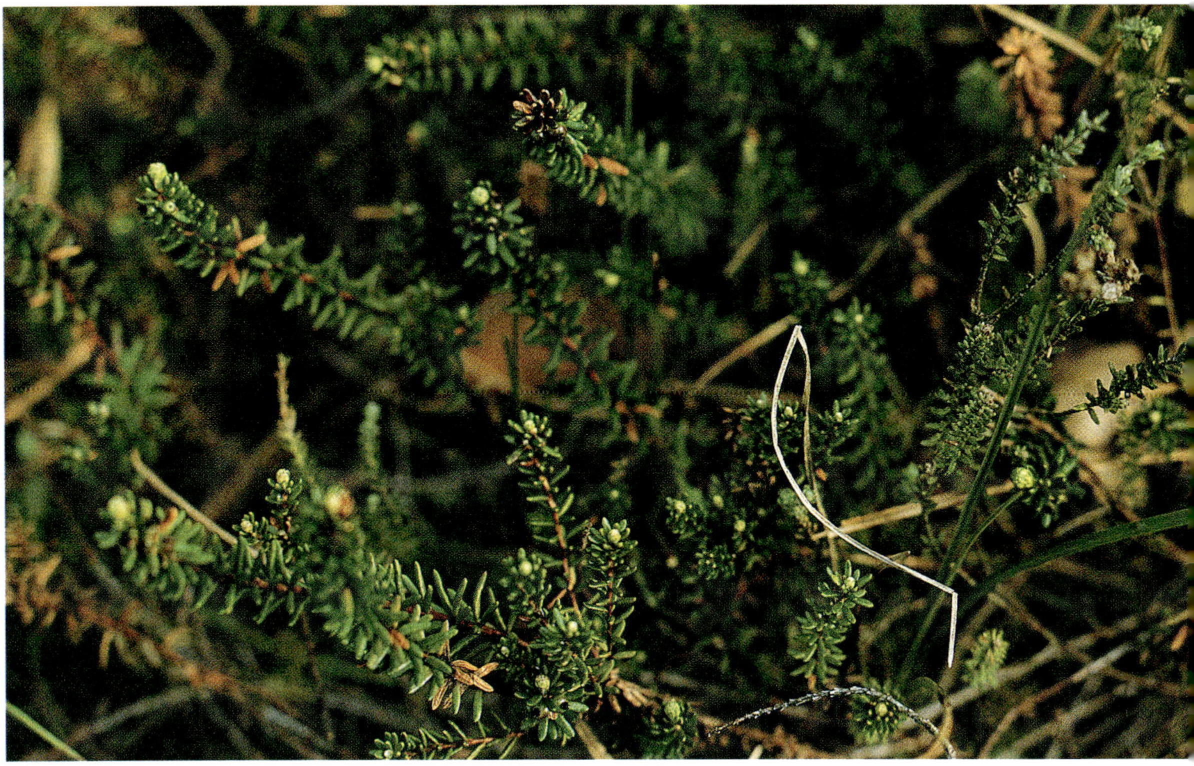

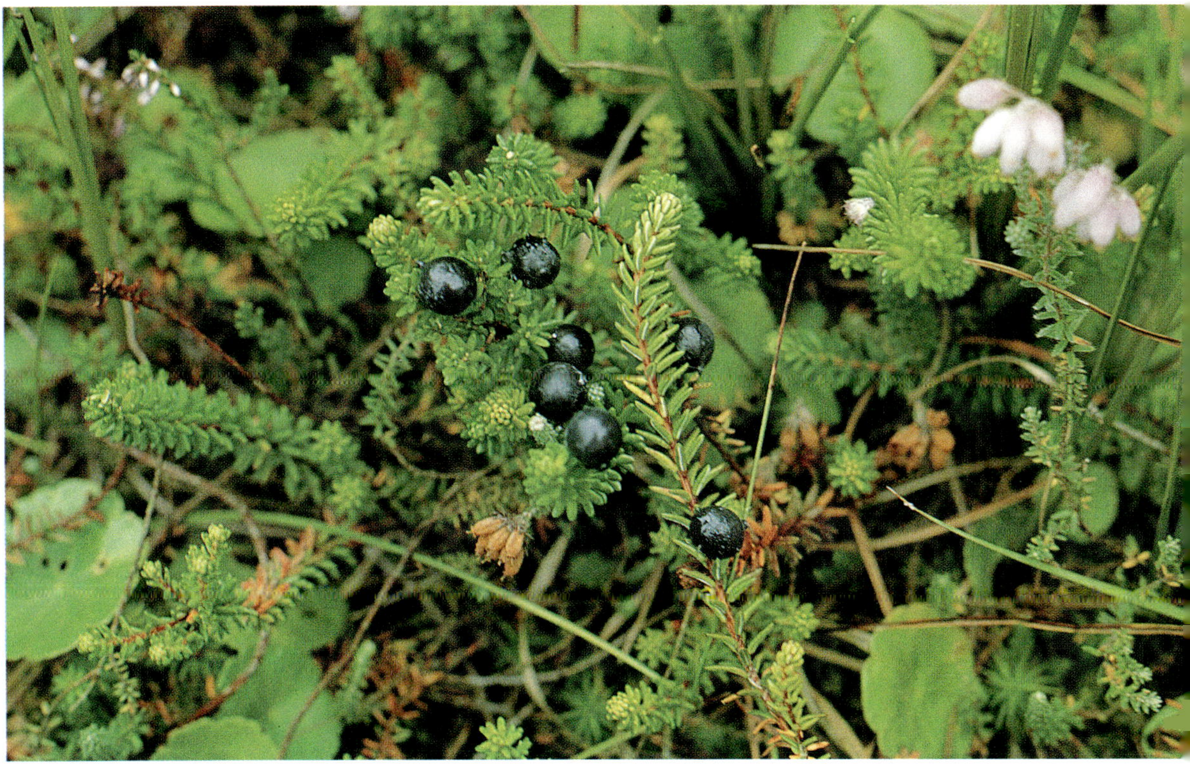

Kratzbeere

Die Kratzbeere, auch Bockbeere oder Ackerbrombeere genannt, gehört zur Familie der Rosengewächse (Rosaceae).

Merkmale
Sie wächst mit einem stacheligen Stengel als sommergrüner Strauch etwa 50–100 cm hoch. Die Blätter sitzen wechselständig angeordnet an einem stacheligen Stiel, sind dreizählig gefiedert und haben eine rhombische, fein gesägte Form. Die weißen Blüten bilden einen traubenförmigen Blütenstand.

Blütezeit
Mai–Juli.

Frucht
August/September reifen die schwarz-blauen Sammelfrüchte, die den Brombeeren sehr ähnlich sind. Die Frucht ist aus 5–25 mm großen, blau bereiften Steinfrüchten zusammengesetzt.

Standort/Verbreitung
Die Kratzbeere findet sich an Wald- und Wegrändern, an Böschungen, in Steinbrüchen und Auengebüschen.

Sonstiges
Die Wildbeeren sind zwar sehr saftig, haben aber einen faden Geschmack, so daß sich ein Sammeln, auch schon wegen des nicht häufigen Vorkommens, kaum lohnt.

Purgierkreuzdorn ☠ *Rhamnus cathartica*

Der Purgierkreuzdorn, auch Echter Kreuzdorn genannt, gehört zur Familie der Kreuzdorngewächse (Rhamnaceae).

Merkmale

Ein sommergrüner, bis 3 m hoher sparriger Strauch, der (selten) auch als Baum 7–8 m hoch wächst. Er hat eine schwärzliche Rinde und kreuz-gegenständig verzweigte Sprossen. Die Zweigspitzen sind meist dornig. Die Blätter sind gegen- oder wechselständig angeordnet, teils büschelig stehend, ei-lanzettlich, zugespitzt und fein gesägt. Sie haben eine glattgrüne Oberseite, sind unterseits etwas heller und haben beiderseits bogig verlaufende behaarte Seitennerven. Die unscheinbaren, kleinen, grünlichen Blüten sind zweihäusig und stehen blattachselständig in büscheligen Trugdolden.

Blütezeit

Mai–Juni.

Frucht

Die erbsengroße, erst grünliche, dann schwarze, saftige Frucht mit 2- bis 4samigen Steinkernen reift im September/Oktober.

Standort/Verbreitung

Er ist verbreitet von der Ebene bis in mittlere Gebirgslagen, sowohl in Gebüschen sonnig-trockener Hänge als auch in Auenwäldern. Er liebt humusreichen Steinboden oder steinigen Lehmboden.

Sonstiges

Der Kreuzdorn ist ein langsam wachsendes Gehölz. Er eignet sich als Heckenpflanze für Landschaftsgestaltung, Park- und Grünanlagen. Sein Holz, auch das des Wurzelstocks, ist fest, haltbar und von auffälliger, rötlicher Zeichnung. Es findet darum oft auch in der Möbelschreinerei Verwendung. Die Früchte sind für Menschen ungenießbar und giftig. Aus unreifen Früchten wurde früher ein grünes Färbemittel gewonnen. Rinde und Früchte werden zu Abführdrogen verarbeitet. Für Vögel ist der Kreuzdorn ein beliebtes Nist- und Nahrungsgehölz.

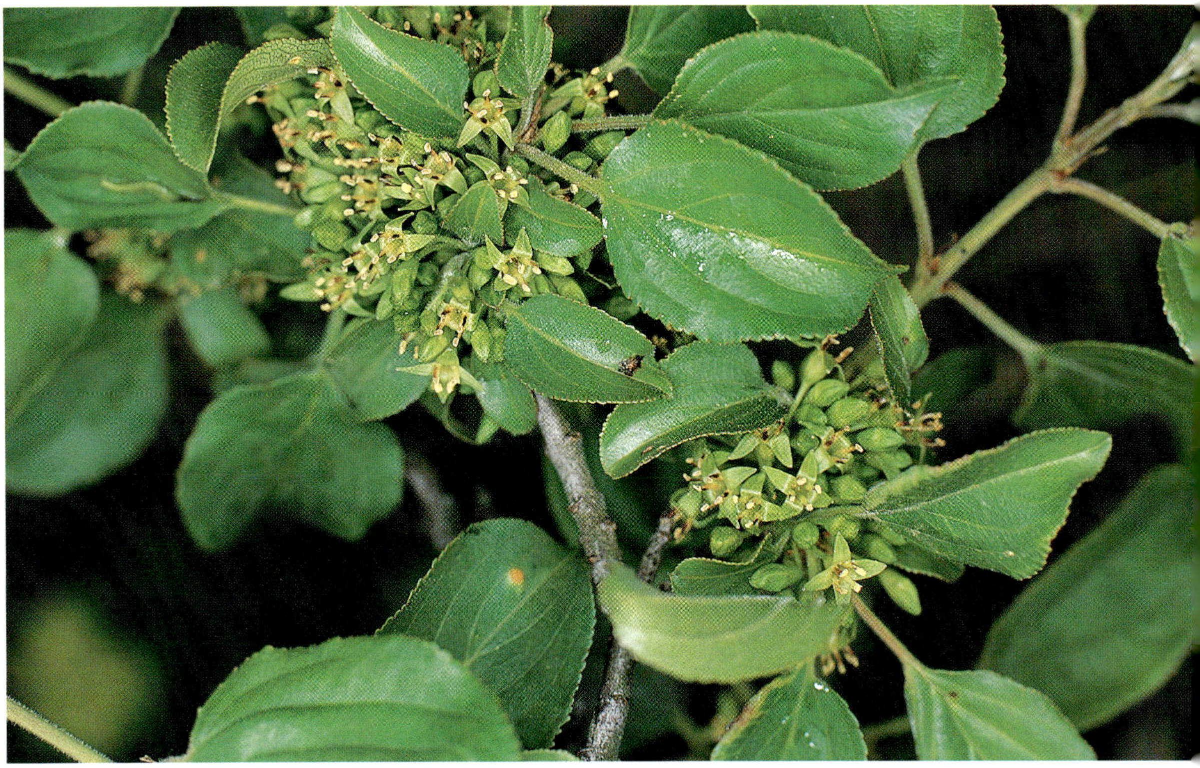

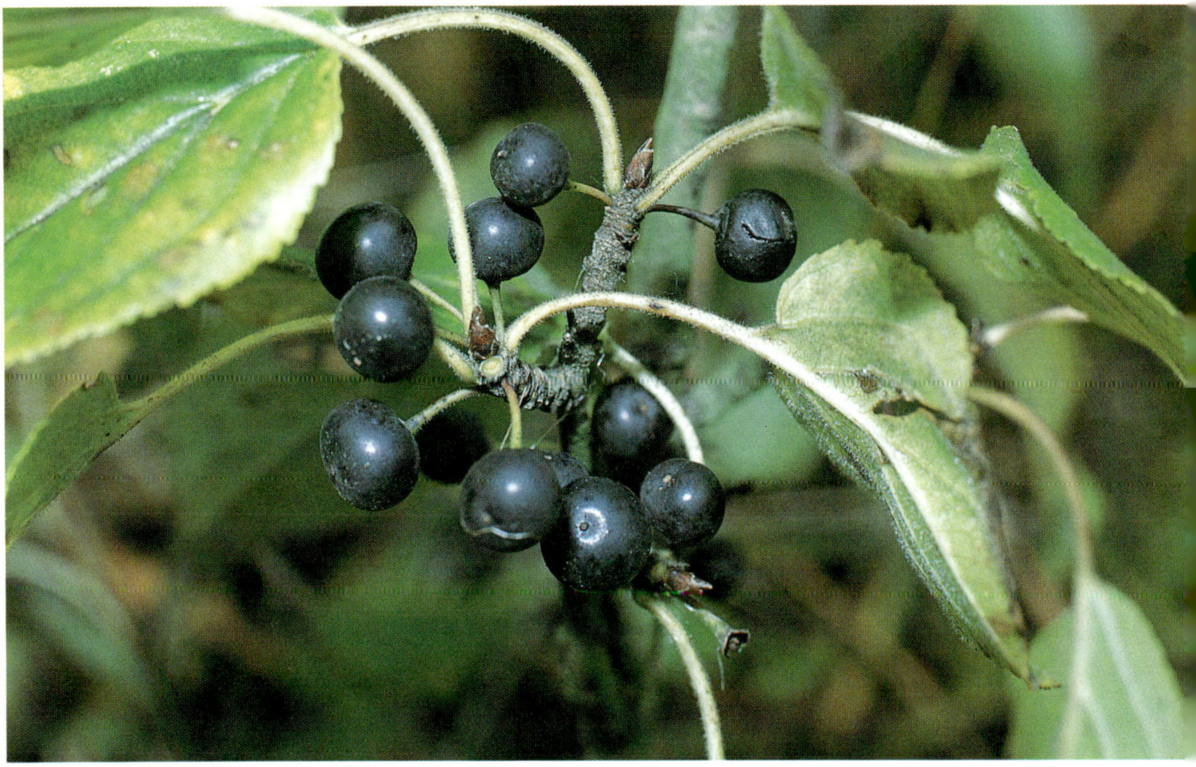

Liguster  *Ligustrum vulgare*

Der (Gemeine) Liguster, auch Tintenbeere, Beinweide oder Rainweide genannt, gehört zur Familie der Ölbaumgewächse (Oleaceae).

Merkmale

Der Liguster wächst als immergrüner, dichter, buschiger Strauch bis zu 5 m hoch, bleibt aber meist darunter. Seine rutenförmigen Zweige haben eine grau-braune, warzige Rinde. Die Blätter sind gegenständig angeordnet, werden 3–6 cm lang, haben eine eiförmige oder elliptische Spreite und laufen spitz zu. Sie sind kurzgestielt, ganzrandig, etwas hart, dick und kahl. Mehrere kleine, weiße Blüten sind in endständigen Blütenrispen, oft in Pyramidenform, zusammengefaßt und geben einen starken, süßlichen Duft ab.

Blütezeit

Juni–Juli.

Frucht

Die kugelige, schwarz-violett glänzende, erbsengroße Steinfrucht mit 1–4 ölhaltigen Kernen, reift im September/Oktober und bleibt fast den ganzen Winter über am Strauch hängen.

Standort/Verbreitung

Der Liguster gedeiht besonders gut auf nährstoffreichen Böden mit kalkigem Untergrund. Man findet ihn nicht über 800 m Höhe. Er wächst hauptsächlich in Hecken und Gebüschen oder an Waldrändern. In Deutschland ist er fast überall verbreitet.

Sonstiges

Der Liguster wächst sich zu ausgedehnten Gebüschen aus, da seine Zweige sich zum Erdboden neigen und dort Wurzeln schlagen. Er kann zudem Wurzelschößlinge bilden, so daß weiter von der Mutterpflanze entfernt neue Triebe entstehen. Er wird darum gerne als Bodenbefestiger und -begrüner angepflanzt, aber auch als Heckenpflanze, da er sich problemlos schneiden läßt. Die Zweige werden in der Korbflechterei verwendet. Früher hat man aus Beeren und Rinde Farbstoffe gewonnen. Der blühende Liguster bietet Lebensraum für Bienen und Schmetterlinge. Wie häufig bei Beerensträuchern sind die Beeren zwar ein beliebtes Vogelfutter, für den Menschen aber stark giftig. Zum Verhalten siehe Seite 157.

Kirschlorbeer  *Prunus laurocerasus*

Der Kirschlorbeer, auch Lorbeerkirsche genannt, gehört zur Familie der Rosengewächse (Rosaceae).

Merkmale

Der Kirschlorbeer wächst als immergrüner Strauch oder Baum 5–7 m hoch. Alleinstehende Bäume zeigen einen ebenmäßigen Pyramidenwuchs. Die ledrigen, glänzenden, ganzrandigen Blätter erinnern mit ihrer breit-lanzettlichen Form an Lorbeerblätter. Der Blattstiel wird etwa 1 cm lang, die Blattspreite 15 cm lang und 6–7 cm breit. Ein untrügliches Kennzeichen des Kirschlorbeers ist der Geruch nach Bittermandelöl, der beim Zerreiben der Blätter entsteht. Die achselständigen weißen Blüten stehen aufrecht in straffen Trauben. Sie können länger als die Blätter werden.

Blütezeit

April–Mai. Wenn der Sommer kühl ist, blüht Kirschlorbeer während der Fruchtreife an warmen Herbsttagen ein zweites Mal.

Frucht

Im August/September reifen die zunächst grünen, dann grün-braunen, schließlich schwarzen Früchte, die, wie die echten Kirschen, einen Steinkern enthalten. Nur der im Steinkern sitzende Samen ist giftig, wie auch die Blätter und die Rinde. Das sauer und herb schmeckende Fruchtfleisch ist also eßbar.

Standort/Verbreitung

Der Kirschlorbeer ist sehr anpassungsfähig, aber frostempfindlich. Er gedeiht gut im Schatten von Mauern oder Gebäuden. Man findet ihn häufig auch als Zierstrauch. Ursprünglich aus Gebieten um das Schwarze Meer stammend, ist er bis in den Norden verbreitet.

Sonstiges

Das aus den Blättern destillierte, ölhaltige Kirschlorbeerwasser wird als Zusatz zu Hustenmitteln verwendet, weil es eine entkrampfende Wirkung hat.

Mahonie

Die Mahonie gehört zur Familie der Sauerdorngewächse (Berberidaceae).

Merkmale

Die Mahonie wächst als immergrüner, 50–150 cm hoher Strauch mit dornenlosen Zweigen. Die zähen, lederartigen Blätter sind unpaarig gefiedert mit 5–9 buchtig, dornig gezähnten Fiedern, oberseits glänzend dunkelgrün, auf der Unterseite hellgrün, im Winter zuweilen auch rötlich. Die eiförmigen Fiederblättchen messen 4–8 cm. Die gold-gelben Blüten sind in aufrechten, rispenartigen Trauben angeordnet, die 5–8 cm lang werden. Sie zeigen 9 Kelch- und 6 Kronblätter, die oft rötlich überlaufen sind.

Blütezeit

April–Mai.

Frucht

Kugelige, zunächst grüne, später blau bis blau-schwarz bereifte Beere mit purpurrotem Saft.

Standort/Verbreitung

Die Mahonie liebt feuchten, nährstoffreichen, aber kalkarmen Boden. Herkunftsland ist das westliche Nordamerika. Bei uns in Deutschland wird sie meist als Zierstrauch in Gärten und Parks angepflanzt.

Sonstiges

Die Mahonie wird in erster Linie ihrer Blüten wegen angebaut. Die Beeren, die ein beliebtes Vogelfutter sind, könnte man zu Gelee oder Kompott verarbeiten. Sie werden aber selten gesammelt. Früher hat man aus der Mahonie ein Mittel gewonnen, das Wolle gelb färbte.

Maiglöckchen ☠

Convallaria majalis

Das Maiglöckchen, auch Maiblume genannt, gehört zur Familie der Liliengewächse (Liliaceae).

Merkmale

Das Maiglöckchen wächst als 15–25 cm hohe Pflanze mit unterirdisch kriechendem Wurzelstock. Typisch sind die zwei grundständigen, elliptischen, längsgeaderten, 10–20 cm langen, lebhaft grünen Blätter, die von einer Wachsschicht überzogen sind und unten von mehreren Schuppenblättern zusammengehalten werden. Als Seitentrieb sprießt aus der Achsel der obersten dieser Schuppen ein blattloser, glatter Stengel hervor. Er trägt weiße, glockenförmige, nickende Blüten in einer langgestielten Traube. Die für alle Liliengewächse charakteristischen sechs Blütenhüllblätter sind beim Maiglöckchen zu einem sechszipfeligen Glöckchen verwachsen.

Blütezeit

Mai–Juni.

Frucht

Juli/August reifen die erst grünlichen, dann korallenroten, kugeligen, erbsengroßen, dreifächerigen Beeren, die in jedem Fach zwei weißlich-blaue Samen enthalten. Die Beeren sind von einem kurzen Griffelrest gekrönt.

Standort/Verbreitung

Das Maiglöckchen wächst gerne auf lockeren, kalkreichen Böden, in lichten Laubwäldern, Gebüschen, auf Felsschutt und auch auf gebirgigen Matten bis zu 2000m Höhe. In Deutschland kommt es als Wildpflanze zerstreut bis verbreitet vor, aber nur noch stellenweise häufig.

Sonstiges

Das Maiglöckchen gehört zu den beliebtesten Frühlingsblumen. Deshalb dieser deutliche Hinweis: Alle Pflanzenteile sind giftig. Sie enthalten Glycoside, die eine ähnliche Wirkung wie beim Fingerhut entfalten. Die Glycoside sind in Wasser löslich und deshalb auch im Vasenwasser zu finden, was die Unverträglichkeit vieler anderer Blumen mit dem Maiglöckchen erklärt. Der Genuß der Beeren kann zu schweren Vergiftungserscheinungen führen. Zum Verhalten siehe Seite 157.
In der Arzneimittelherstellung spielen die Glycoside eine große Rolle durch ihre leistungssteigernde Wirkung auf den Herzmuskel. Früher fanden die zu Pulver vermahlenen Blüten des Maiglöckchens als Niespulver Verwendung.

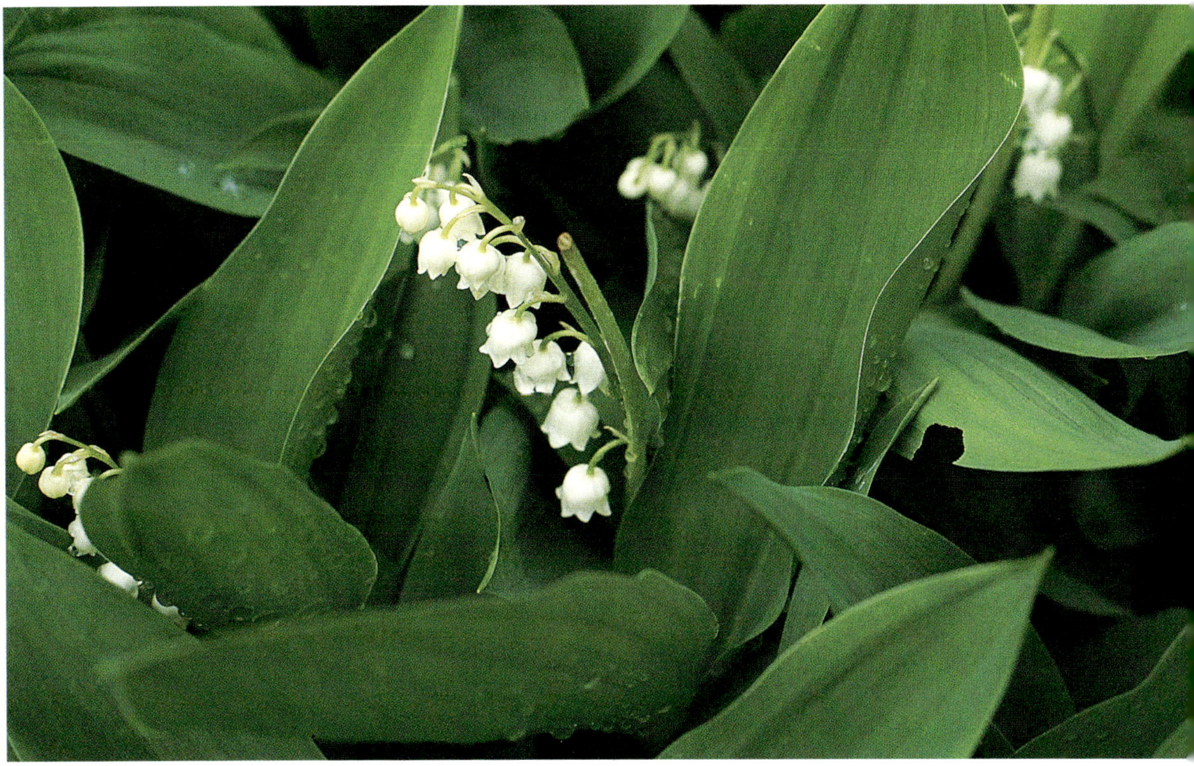

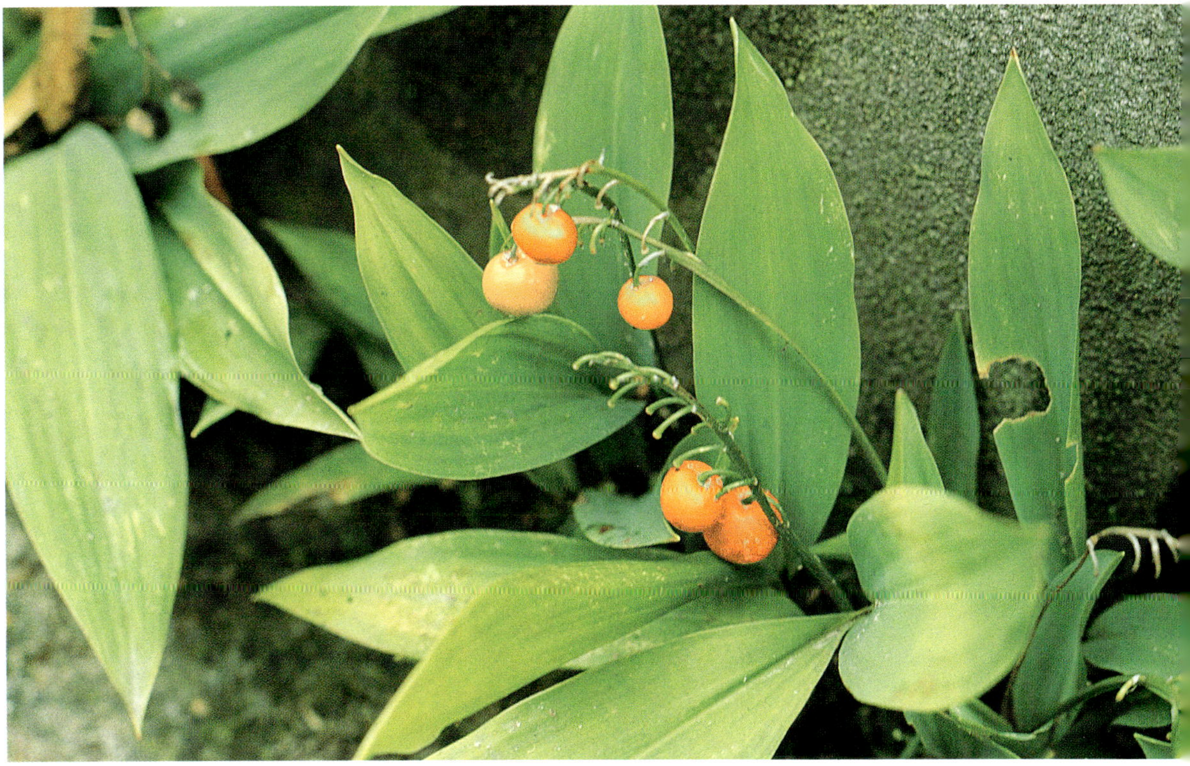

Maulbeerbaum *Morus nigra*

Der Maulbeerbaum gehört zur Familie der Maulbeerbaumgewächse (Moraceae).

Merkmale
Der Maulbeerbaum wächst als sommergrüner Baum, seltener auch als (Spalier-)Strauch, bis über 10 m hoch, mit dichter, kurzästiger Krone und braun-roten Zweigen. Die Blätter sind wechselständig angeordnet, gestielt, herzfömig, gesägt, bisweilen auch unregelmäßig gelappt, bis 15 cm lang und 10 cm breit, besonders oberseits auch rauh. Die kleinen, unscheinbaren, grünlichen Blüten sitzen getrennt-geschlechtlich in Blütenständen.

Blütezeit
Mai–Juni.

Frucht
Aus den Blütenansätzen reifen im August die purpurnen oder dunkelvioletten, fleischigen „Beeren". Sie entstehen nicht aus dem Fruchknoten, sondern aus der Blütenhülle. Die Früchte sind den Brombeeren ähnlich und wie diese keine eigentlichen Beeren, sondern Sammelfrüchte.

Standort/Verbreitung
Ursprünglich aus dem Kaukasusgebiet stammend, ist der Maulbeerbaum im Mittelmeergebiet eingebürgert. In Deutschland wird er als Ziergehölz angepflanzt. Er gedeiht auf fruchtbaren, lockeren, nicht zu feuchten Böden und findet sich auch verwildert in geschützten Nischen, in Waldauen und milden Gebirgstälern.

Sonstiges
Die sehr saftigen, würzigen und süß-säuerlichen Früchte lassen sich zu Saft oder Gelee verarbeiten. Rezepte siehe Seite 147.

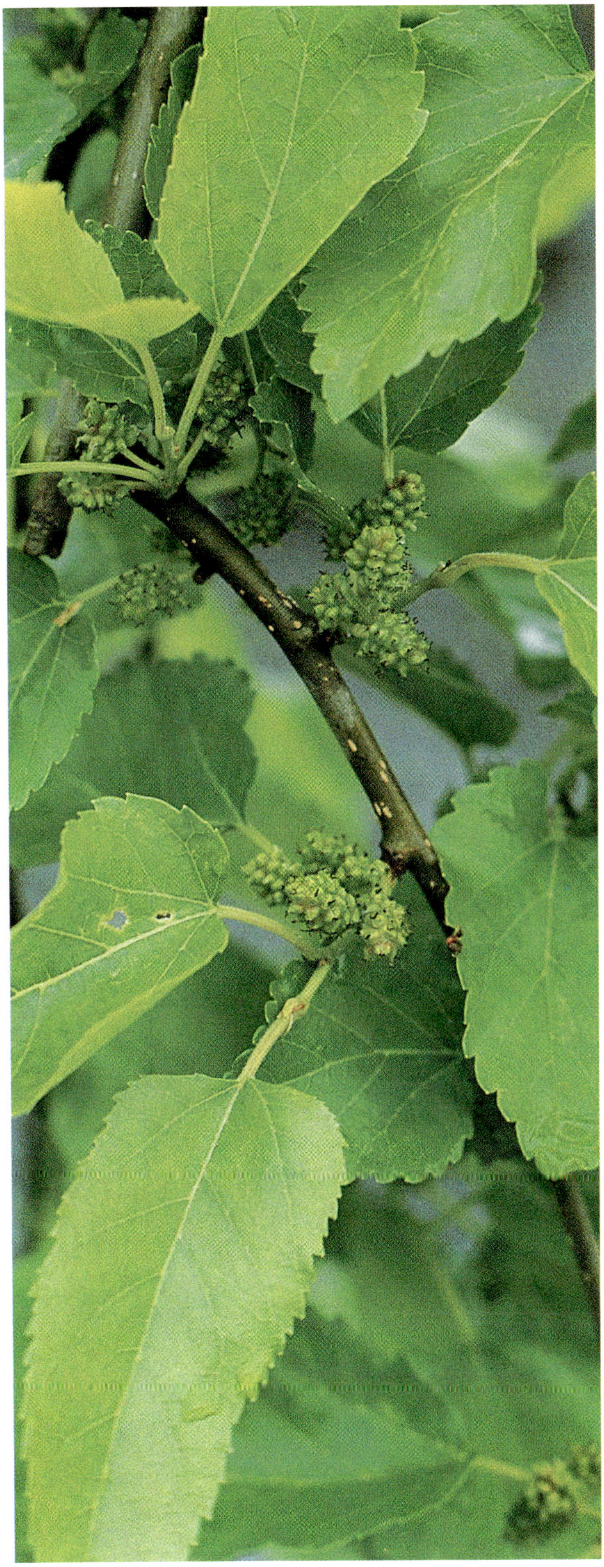
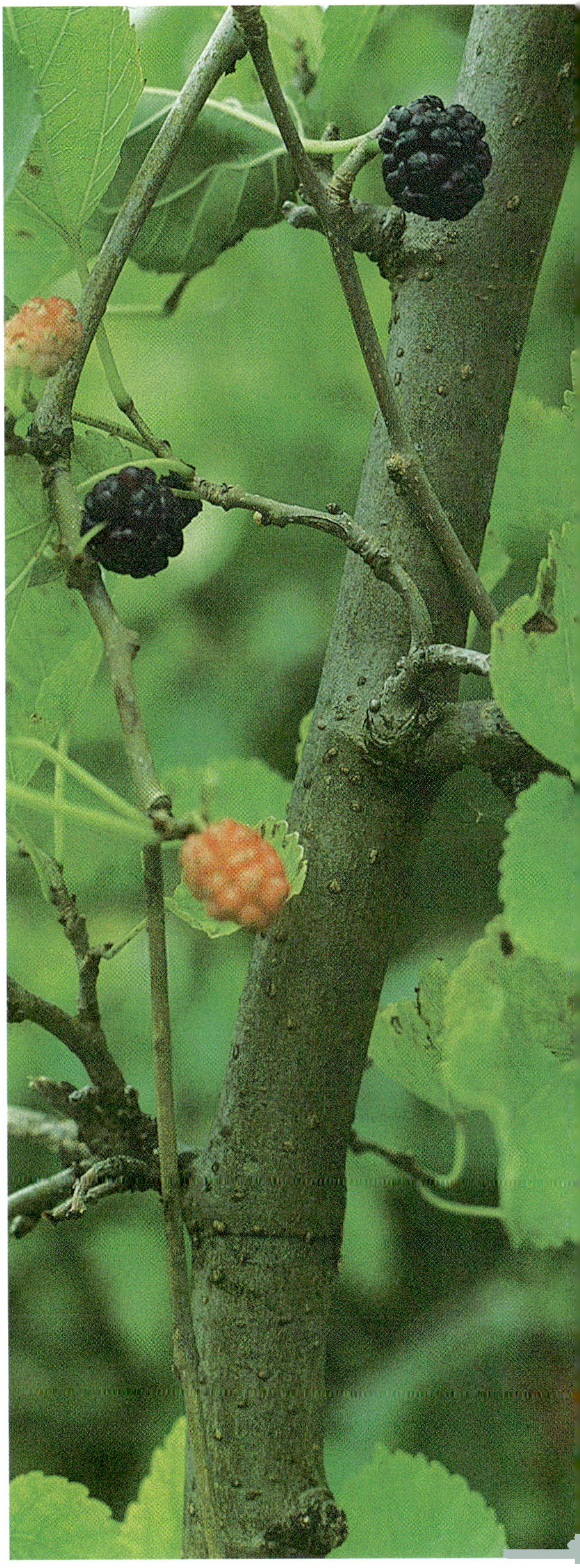

Echte Mehlbeere

Sorbus aria

Der Mehlbeerbaum, auch Weiß- oder Silberbaum genannt, gehört zur Familie der Rosengewächse (Rosaceae).

Merkmale

Die Mehlbeere wächst als sommergrüner Baum, seltener auch als vielstämmiger Strauch, 5–10 m, zuweilen auch 15 m hoch. Die aufsteigenden Äste bilden oft unregelmäßige, breite Kronen aus. Die Rinde des Stammes ist in der Jugend glatt und grau, später wird sie dunkelbraun und rissig. Die Blätter sind filzig behaart, werden später an der Oberseite glänzend dunkelgrün, während die Unterseite grau oder weißlich bleibt. Sie sind einfach, 6–12 cm lang, gezähnt, ziemlich breit (9 cm), werden aber am Ansatz der Spreite schmaler und sind dort leicht herzförmig und ungezähnt. Die Blätter besitzen einen kurzen Stiel, der ebenfalls filzig ist. Die Herbstfärbung ist gelb bis gold-orange. Die weißen Blüten stehen in endständigen Schirmdolden von etwa 2 cm Durchmesser an weißfilzigen Stielen. Die Staubblätter mit ihren weißen Staubbeuteln ragen weit über die Blütenblätter hinaus. Auch die Kelch- und Kronblätter sind mit Filz überzogen.

Blütezeit

Mai–Juni.

Frucht

Die Früchte reifen im August. Sie sind kugelig bis eiförmig, 1,5 cm lang, von erst grüner, dann orange-roter Farbe und an der Spitze von Resten der Kelchblätter gekrönt. Innen finden sich 2 Samen.

Standort/Verbreitung

Die Mehlbeere meidet nasse Standorte und liebt sonnige, sommerwarme, frische und trockene Lagen mit lehmigsteinigen, kalkhaltigen Böden. In Deutschland trifft man sie vor allem in Gebirgslagen, im Voralpenland und in den Alpen bis 1600 m Höhe.

Sonstiges

Das Wurzelwerk dringt tief in den Boden ein. Der Mehlbeerbaum ist dadurch unempfindlich gegen Wind. Er ist vor allem als Vorwaldgehölz geeignet, aber auch als Straßenbaum. Das schwere, harte und feste Holz ist für vielerlei Zwecke wertvoll. Die Früchte sind roh nur nach dem ersten Frost genießbar. Sie schmecken fad und mehlig, eignen sich aber wegen ihres hohen Vitamin-C-Gehaltes zum Anreichern von Wildfruchtkonfitüren und -gelees (Rezepte siehe Seite 147) und auch von Maische zur Herstellung von Branntwein. Wie viele andere Beeren sind sie ein wichtiges Vogelfutter.

Echte Mispel

Mespilus germanica

Die echte Mispel gehört zur Familie der Rosengewächse (Rosaceae).

Merkmale

Die Mispel wächst als breit ausladender Strauch oder kleiner Baum 4–6 m hoch, höchstens 8 m. Sie hat einen verkrümmten Stamm mit einer schuppigen, braun-roten Rinde. An den Zweigen sitzen Dornen. Die kurzstieligen Blätter sind wechselständig angeordnet, elliptisch, bis zu 15 cm lang und einfach. Im unteren Teil sind sie ganzrandig, im oberen fein gezähnt. Ihre Oberseite ist glanzlos und dunkelgrün; auf der Unterseite sind die Blätter heller und etwas behaart. Der Austrieb der Blätter beginnt im April; ihre schöne Herbstfärbung ist gelb oder orange-braun. Die Blüten stehen einzeln und endständig an den Kurztrieben. Sie entwickeln sich aus dicken, kugeligen, weißen Knöpfen in der Mitte des Kelches, der lange grüne Lappen hat, die größer als die Blütenblätter sind. In der Mitte der geöffneten Blüte stehen 5 Griffel, umgeben von 30–40 Staubblättern, die von roten Staubbeuteln gekrönt sind.

Blütezeit

Mai–Juni.

Frucht

Die Mispelfrüchte, die birnenförmig oder verkehrt-kegelförmig sind, kann man als Apfelfrüchte bezeichnen. Sie sind von den langen Kelchblättern gekrönt und an der Spitze nicht geschlossen.

Standort/Verbreitung

Die Mispel gedeiht auf sonnigen Hängen, an Waldrändern, in Büschen und Hecken und auch als Ziergehölz in Gärten und Parks. Sie liebt trockenen, kalkhaltigen Boden und steigt kaum höher als 800 m. Die ursprüngliche Heimat der Mispel ist der Orient. In der Römerzeit und im Mittelalter wurde sie als Obstbaum kultiviert; dann verwilderte sie.

Sonstiges

Die Früchte werden zwar im September reif, sind aber erst im überreifen Zustand eßbar, wenn sie nach Frosteinwirkung teigig geworden sind. Sie schmecken etwas nach Feigen. Mispelfrüchte kann man zu Kompott und Konfitüre verarbeiten. Rezepte siehe Seite 148.

Mistel

Die Mistel gehört zur Familie der Mistelgewächse (Loranthaceae).

Merkmale
Die Mistel wächst als Halbschmarotzer auf Bäumen. Der kugelige Strauch mißt etwa 80–100 cm im Durchmesser und hat grüne, gabelästige Zweige. Die ledrigen, lanzettlich-spateligen Blätter sitzen gegenständig an den Enden der Gabelzweige. Sie zeigen ober- und unterseits eine gelblich-grüne Farbe. Die unscheinbaren, gelblichen, einhäusigen Blüten sitzen in endständigen Trugdolden.

Blütezeit
März–Mai.

Frucht
Kugelige, 5–7 mm breite, weißliche oder gelblich-weiße, meist einsamige Scheinfrüchte mit schleimigem Fruchtfleisch. Oben zeigen die Früchte Reste von 4 Kelchblättern.

Standort/Verbreitung
Die Mistel wächst auf Laubbäumen, wie etwa Weiden und Pappeln, Apfel- und Birnbäumen. Andere (Unter-)Arten wachsen auch auf Nadelbäumen. Die Mistel ist in Süd- und Mitteleuropa zu Hause, im Norden bis Südskandinavien. Sie wird durch Amsel und Drossel verbreitet. Der Same der Mistel ist erst keimfähig, wenn er den Vogeldarm passiert hat.

Sonstiges
Die Früchte und andere Teile des Mistelstrauches sind schwach giftig. Andererseits haben die Inhaltsstoffe der Mistel (Blätter, Zweige, Beeren) eine blutdrucksenkende Wirkung, die sich zahlreiche Präparate zunutzemachen. Hierzulande findet man Mistelzeige häufiger als Glücksbringer an Türen und Fenster. Vor allem in England sind sie ein beliebter Weihnachtsschmuck.

Gemeine Moosbeere

Oxycoccus palustris

Die Moosbeere gehört zur Familie der Heidekrautgewächse (Ericacae).

Merkmale

Die Moosbeere wächst als kriechender Zwergstrauch mit fadenförmigen Sprossen vorzugsweise in Hochmooren. Die kleinen Blätter sind wechselständig angeordnet, immergrün, bis zu 1 cm lang, oberseits lackartig glänzend, unterseits aschgrau, leicht bereift und am Rand eingerollt. Die Blüten sind rosa-rot, radförmig, vierzählig, mit zurückgeschlagenen Zipfeln. Bis zu vier sitzen an langen, behaarten, nickenden Stielen.

Blütezeit

Juni–Juli.

Frucht

Eine rot glänzende, etwa kirschgroße Frucht.

Standort/Verbreitung

Die Moosbeere ist in den Mooren Skandinaviens zu Hause, bei uns ist sie eher selten anzutreffen.

Sonstiges

Vor allem in den nordeuropäischen Ländern werden die Früchte in großen Mengen gesammelt und verarbeitet. Rezepte dazu siehe Seite 148. Sie entwickeln ihren angenehmen herbsauren Geschmack nach den ersten Frösten. Wer in unseren Gegenden auf die Moosbeere trifft, sollte daran denken, daß ihre hiesigen Bestände gefährdet sind. Inzwischen gewinnt die in Nordamerika kultivierte „Großfrüchtige Moosbeere" (Oxycoccus macrocarpos) auch bei uns an Bedeutung.

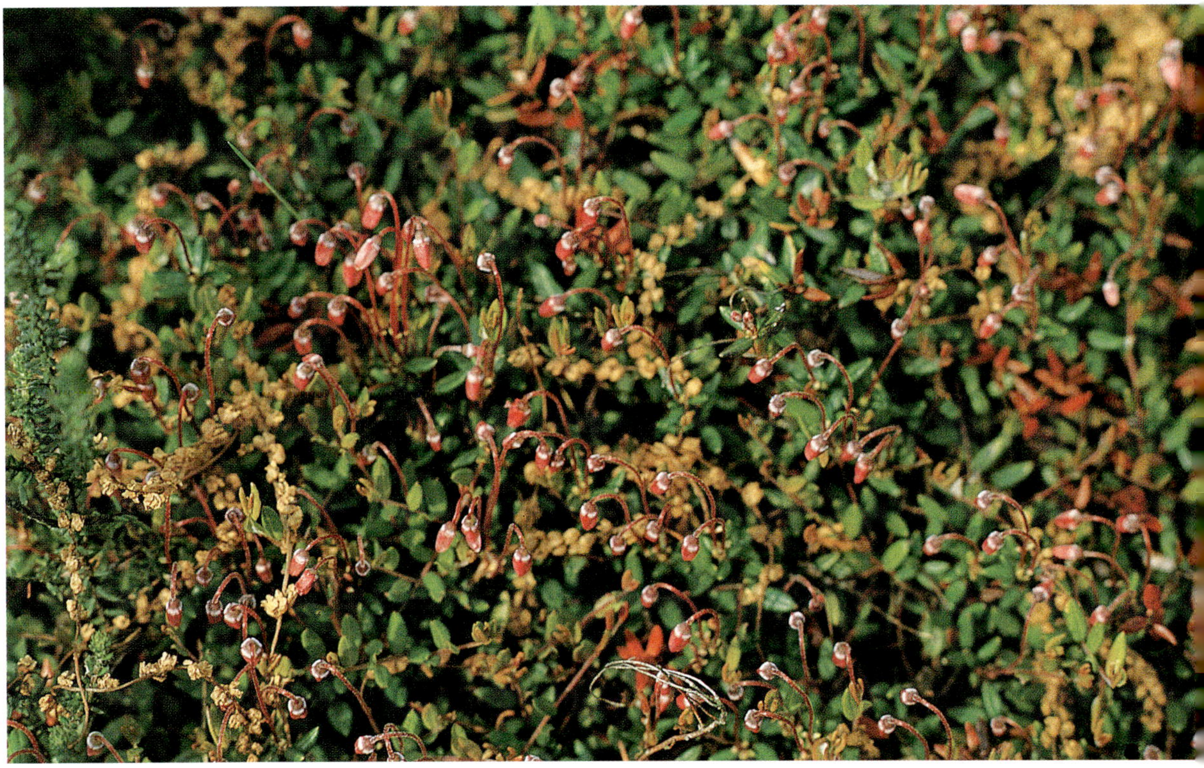

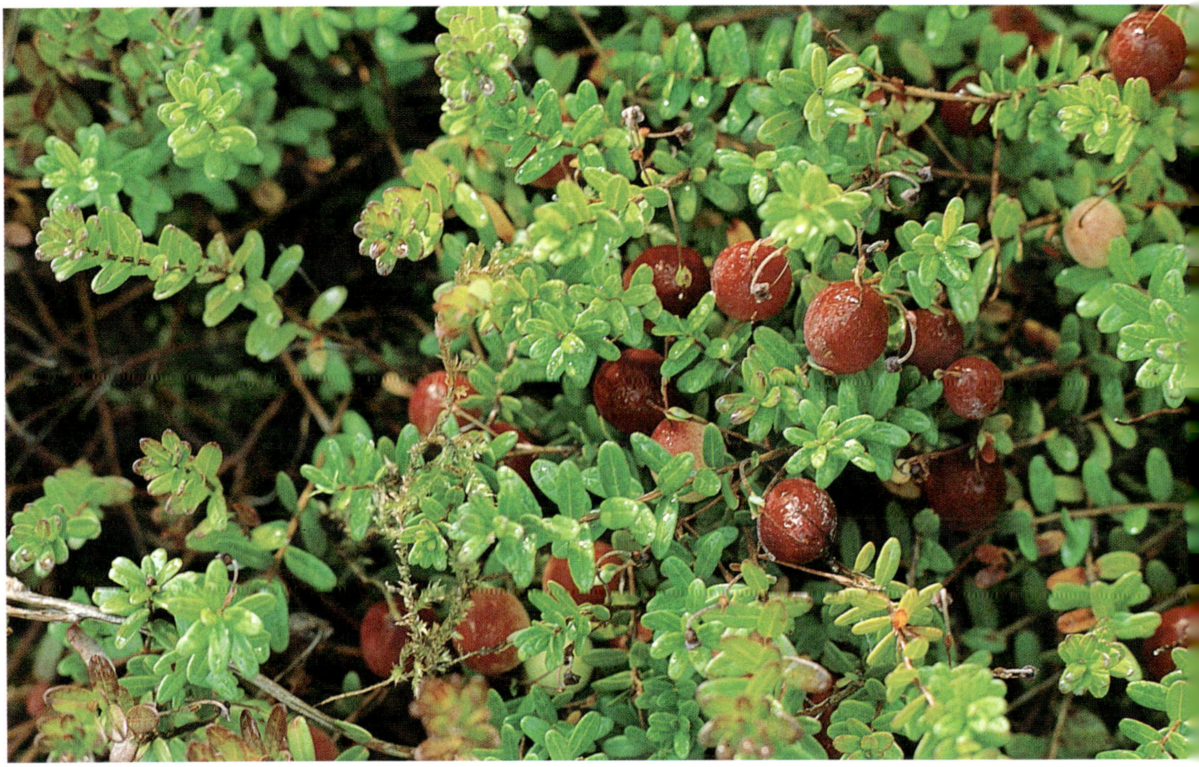

Bittersüßer Nachtschatten *Solanum dulcamara*

Der Bittersüße Nachtschatten gehört zur Familie der Nachtschattengewächse (Solanaceae), von der es über 1000 Arten gibt und zu der auch inzwischen kultivierte Pflanzen wie Kartoffeln, Tomaten und Auberginen gehören.

Merkmale

Der Nachtschatten wächst als Halbstrauch. Von dem kriechenden Wurzelstock entspringen bis zu 2 m lange, verholzte, fingerdick werdende, kletternde Stengel. Die Blätter besitzen verschiedene Formen: Die oberen sind länglich-eiförmig und zugespitzt, die unteren pfeil- oder spießförmig. Blätter und Rinde riechen nach Moschus. Immer einem Blatt gegenüber sitzen an langgestielten, rispenartigen Wickeln in kleinen, grünen, fünfzähnigen Kelchen große, violette, selten weiße, fünfzipfelige Blütenkronen. In der Mitte jeder Blüte stehen die fünf Staubblätter zu einem Kegel zusammen. Ähnlichkeiten mit der Kartoffelblüte sind unverkennbar.

Blütezeit

Juni–August.

Frucht

Der Fruchtknoten reift im Herbst zu einer eiförmigen, glänzend scharlachroten, hängenden Beere heran, die zahlreiche linsenförmige Samen enthält. Die Beere hat einen anfangs bitteren, dann süßen Geschmack.

Standort/Verbreitung

Der Nachtschatten liebt stickstoffreiche Böden und steht in Auenwäldern, an Ufern, feuchten Gebüschen und Hecken. Er kommt in Deutschland und Europa verbreitet vor.

Sonstiges

Im Umgang mit dem Bittersüßen Nachtschatten ist Vorsicht geboten, da die Pflanze in allen Teilen giftig ist. Zum Verhalten siehe Seite 157.

Früher wurden aus der Pflanze homöopathische Präparate gegen Hauterkrankungen, Rheuma und Atembeschwerden gewonnen. Gelegentlich wird sie jetzt als Zierpflanze kultiviert.

Pfaffenhütchen ☠   *Euonymus europaea*

Das Pfaffenhütchen, auch Spindelstrauch oder Spillbaum genannt, gehört zur Familie der Spindelbaumgewächse (Celastraceae).

Merkmale

Das Pfaffenhütchen wächst strauchartig bis 6 m hoch mit sparrigen, grau-rot-braunen Ästen. Die jungen Zweige sind grün, abgerundet vierkantig und dornenlos. Die kurzstieligen Blätter sind kreuzweise-gegenständig angeordnet, ei-lanzettlich, langzugespitzt und stachelspitzig. Der Rand der 10 cm langen und 3 cm breiten Blätter ist kleingekerbt-gesägt. Im Herbst zeigen die Blätter eine prächtige Färbung. Die eher unscheinbaren Blüten erscheinen mit den Blättern. Die gestielten Blüten stehen in lockeren, blattachselständigen Trugdolden. Die Blüten haben grünlich-weiße Blütenblätter. In der Mitte der Blüte befindet sich eine Art Scheibe, in die vier Staubblätter eingefügt sind. Der Fruchtknoten ist ebenfalls in diese Scheibe eingesenkt und besteht aus 3–5 Fruchtblättern, die miteinander verschmolzen sind.

Blütezeit

Mai–Juli.

Frucht

Die auffällige Frucht, die der Pflanze auch den Namen gegeben hat, besteht aus einer karminroten, vierlappigen Kapsel, die in Form und Farbe an ein Kardinalsbirett erinnert. Bei der reifen Frucht platzt im September/Oktober die Kapsel. In ihrem Innern sitzen die weißen Samen, die – ähnlich wie bei der Eibenfrucht – von einem leuchtend orange-roten Mantel umgeben sind.

Standort/Verbreitung

Das Pfaffenhütchen liebt Sonne und Halbschatten, verträgt Hitze gut, ist frosthart und gedeiht auf mäßig trockenen Böden. Es ist in Gebüschen und Hecken anzutreffen, an Abhängen und an Weg- und Waldrändern. Im Gebirge kommt es in Höhen bis zu 1200 m vor. Es ist fast in ganz Europa verbreitet.

Sonstiges

Weil sich durch die prächtige Herbstfärbung der Blätter und durch die auffallenden Früchte vor allem auch Kinder anlocken lassen, dieser deutliche Hinweis: Alle Pflanzenteile, auch die Rinde, sind giftig. Zum Verhalten im Vergiftungsfall siehe Seite 157.
Das Pfaffenhütchen wird hauptsächlich durch Drosselarten verbreitet, für die die Beeren ein wichtiges Futter sind. Die pulverisierten Samen waren früher ein Heilmittel gegen Krätze. Mehr Bedeutung besaß das gelbe, zähe Holz, das vor allem auch für Drechslerarbeiten und für die Herstellung von Spindeln (daher der Name Spindelstrauch) verwendet wurde. Das Holz ist auch gut geeignet zur Gewinnung von Zeichenkohle. Zunehmende Bedeutung hat das Pfaffenhütchen wieder bekommen als wertvolles Flurgehölz, als Erosionsschutz zur Ufer- und Böschungssicherung und als Ziergehölz zur Landschafts- und Parkgestaltung. Leider überfällt den Strauch an vielen Standorten eine Gespinstmotte, deren Raupen sich bis zum Kahlfraß vom Blattwerk ernähren.

Preiselbeere

Vaccinium vitis-idaea

Die Preiselbeere, auch unter dem Namen Kronsbeere und Grantl bekannt, gehört zur Familie der Heidekrautgewächse (Ericaceae).

Merkmale

Die Preiselbeere wächst als niedriger Zwergstrauch etwa 30 cm hoch. Sie gehört zu den immergrünen Gewächsen, verliert also, im Unterschied zur verwandten Heidelbeere, auch bei Frost die Blätter nicht. Der Strauch ist nur wenig verzweigt und hat aufrechte, kleine, grünrindige Äste. Die Blätter, bis zu 2,5 cm lang, sind ledrig, kurz gestielt, oberseitig glänzend dunkelgrün, unterseits hellgrün und punktiert. Sie haben einen nach unten umgebogenen Rand und eine Lebensdauer von 3 Jahren. Die weiß-rosafarbenen, glockenförmigen Blüten mit einer fünfzähligen, doppelten Hülle bilden endständige, nickende Trauben.

Blütezeit

Mai–Juni (manchmal zweite Blüte im August).

Frucht

Die kugeligen, scharlachroten, 8 mm dicken Beeren reifen im August und September. An der Spitze sind sie von Resten der Kelchblätter gekrönt. Die reifen Beeren haben einen herb-süßen Geschmack.

Standort/Verbreitung

Die Preiselbeere wächst auf sauren, nicht zu nassen Böden in Kiefernwäldern, Heiden und Mooren. In fast ganz Europa (ohne den äußersten Süden) verbreitet kommt sie in Deutschland von der norddeutschen Tiefebene bis in die Alpen in einer Höhe von 2500 m vor.

Sonstiges

Preiselbeeren werden in großem Umfang aus den skandinavischen Ländern und aus Polen in den Handel gebracht. Die feste Frucht verträgt eine längere Lagerzeit. Die Beeren reifen nicht nach, sollten also nur in vollreifem Zustand gesammelt werden. Die Früchte eignen sich gut als Kompottbeilage für Wildgerichte, werden aber auch zu Konfitüren und Gelees verarbeitet. Rezepte siehe Seite 148. Seit altersher ist nicht nur der Wohlgeschmack der Preiselbeere bekannt, sondern auch ihre lindernde Heilwirkung. Ein Verzehr der Früchte wirkt sich günstig auf das Verdauungssystem aus, ihr hoher Pektingehalt senkt den Cholesterinspiegel. Aus den Blättern läßt sich ein Tee gewinnen, der besonders bei Blasen- und Nierenerkrankungen wirksam ist.

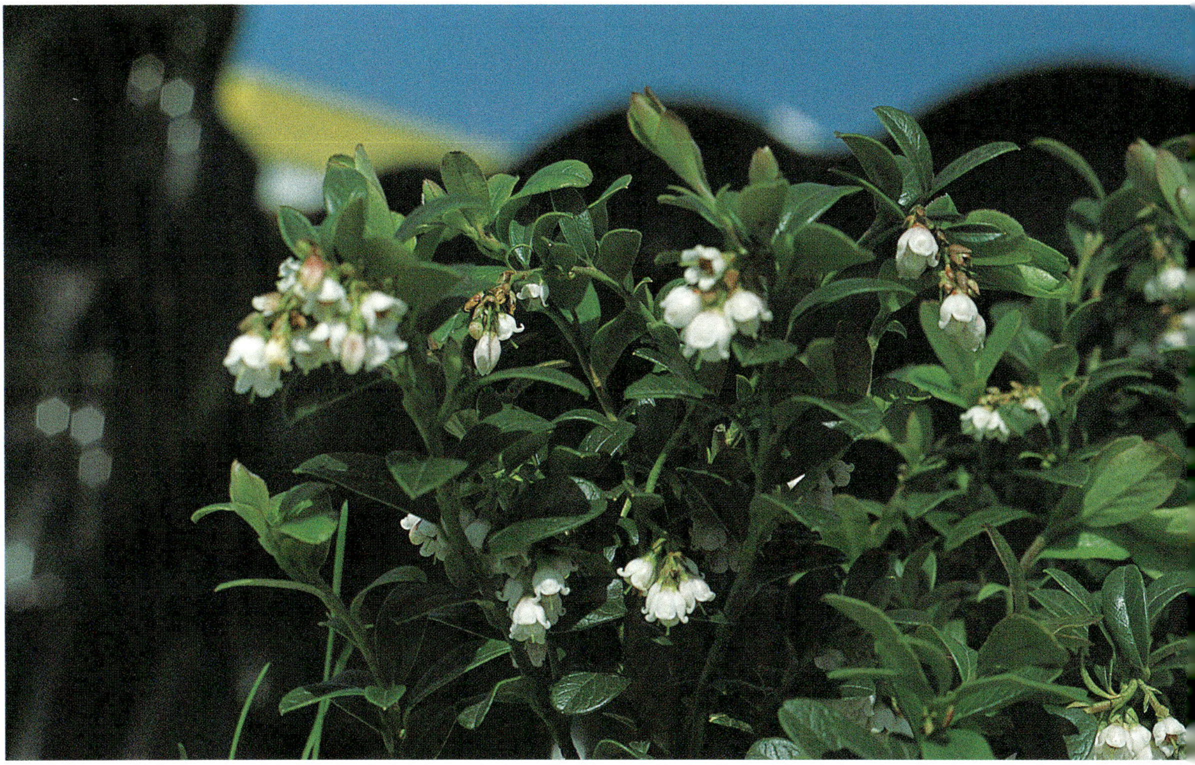

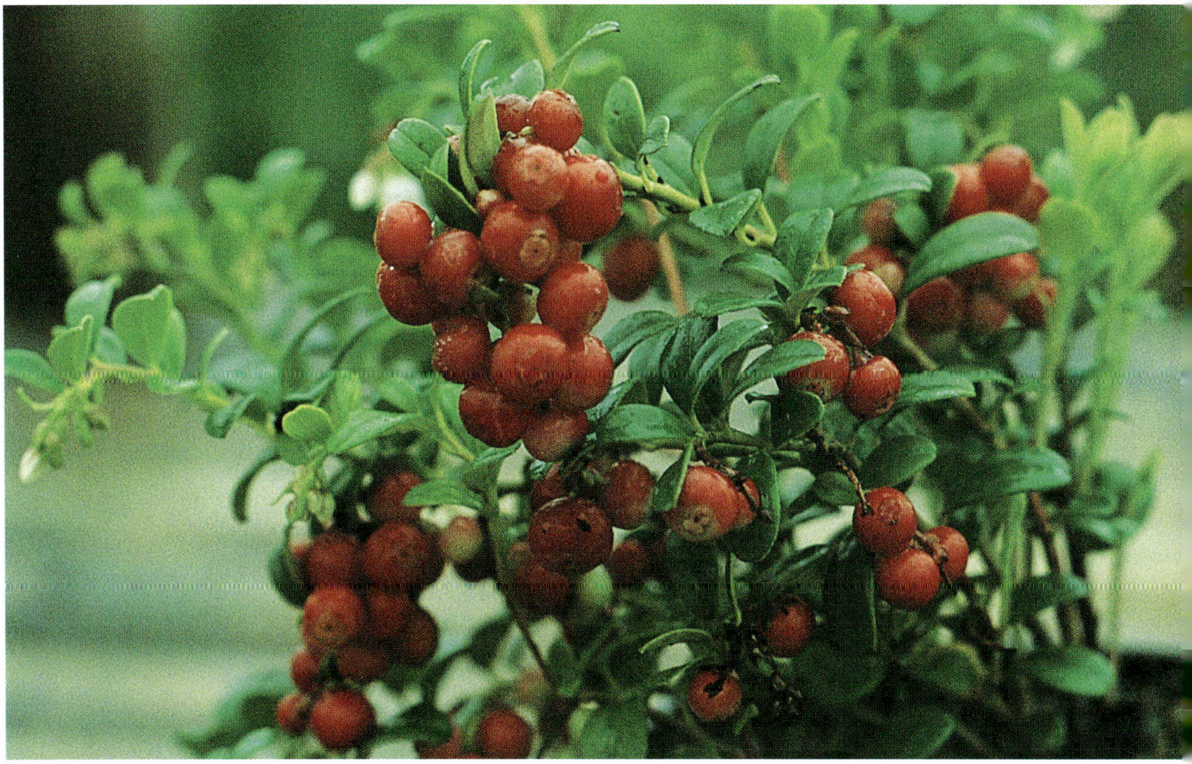

Rauschbeere  *Vaccinium uliginosum*

Die Rauschbeere, auch als Moorbeere oder Schwindel-, Toll- und Trunkelbeere bekannt, gehört, wie die verwandte Heidelbeere, zur Familie der Heidekrautgewächse (Ericaceae).

Merkmale
Die Rauschbeere ist ein Wurzelkriecher und wächst als sommergrüner Zwergstrauch mit sparrigen, grau-braunen Zweigen etwa 80–100 cm hoch. Im Unterschied zur verwandten Heidelbeere sind die Blätter der Rauschbeere kurzgestielt, ganzrandig, verkehrt-eiförmig, oberseits blau-grün, unterseits grau-grün. Sie haben eine deutlich hervortretende Netzaderung, sind bis 3 cm lang, 2 cm breit und zeigen oft einen etwas umgebogenen Rand. Der Blattaustrieb beginnt im März. Die Blüten sind fünfzählig, besitzen eine krugähnliche Form, sehen weiß-rosa aus und wachsen in endständigen Trauben.

Blütezeit
Mai–Juli.

Frucht
Die schwarz-blauen, bereiften Beeren sind den Heidelbeeren ähnlich, aber auch leicht von diesen zu unterscheiden: Die Rauschbeeren sind größer und häufig mehr birnenförmig. Sie haben ein weiß-grünliches Fruchtfleisch. Der farblose Saft schmeckt süß-säuerlich, aber eher fade.

Standort/Verbreitung
Die Rauschbeere braucht saure Böden und ist darum in Hochmooren, moorigen Wäldern und feuchten Heidegebieten anzutreffen. In Nordeuropa ist sie noch verbreitet, in Deutschland nur noch in den Alpen (bis etwa 2500 m hoch) und im norddeutschen Tiefland anzutreffen. Durch die Kultivierung ihrer Standorte ist sie in ihrem Bestand bedroht.

Sonstiges
In größeren Mengen gegessen können Rauschbeeren Übelkeit, Kopfschmerzen, Erbrechen, Schwindel und rauschartige Zutände hervorrufen. Gifte oder berauschende Stoffe hat man aber in den Beeren nicht nachweisen können. Die beschriebenen Wirkungen hängen vermutlich mit einem häufig an den Beeren schmarotzenden Pilz zusammen.

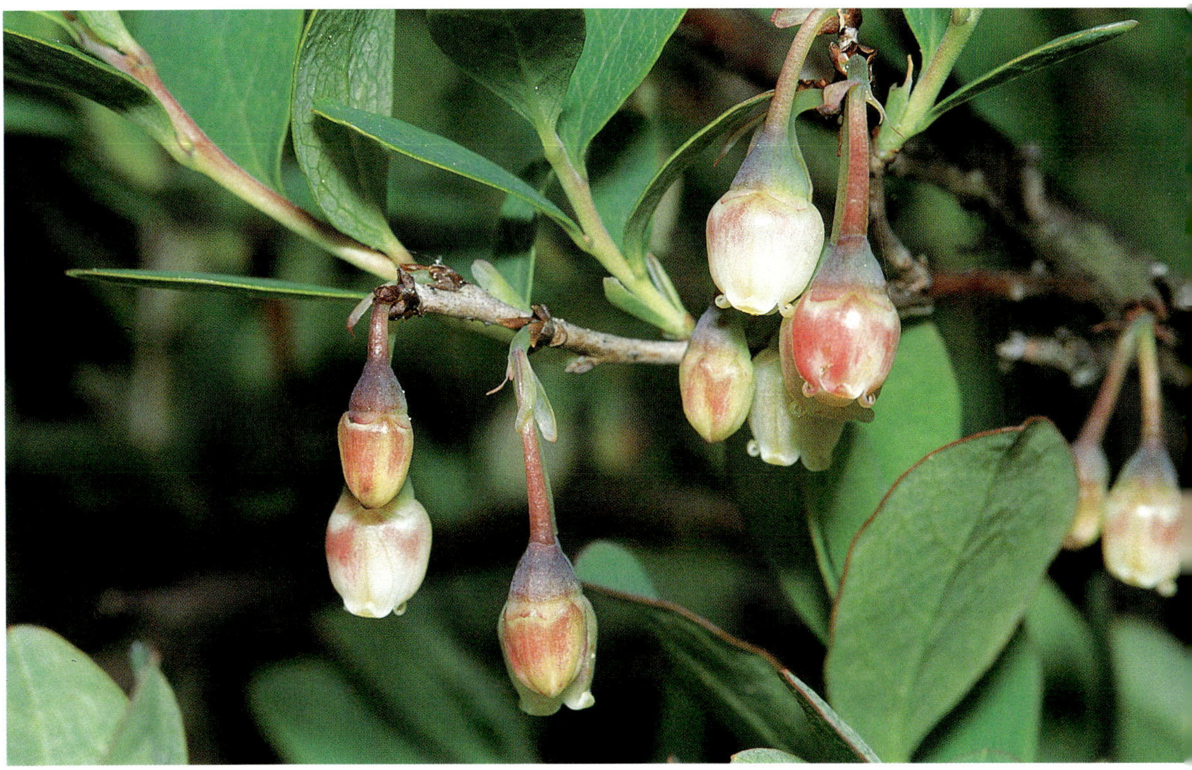

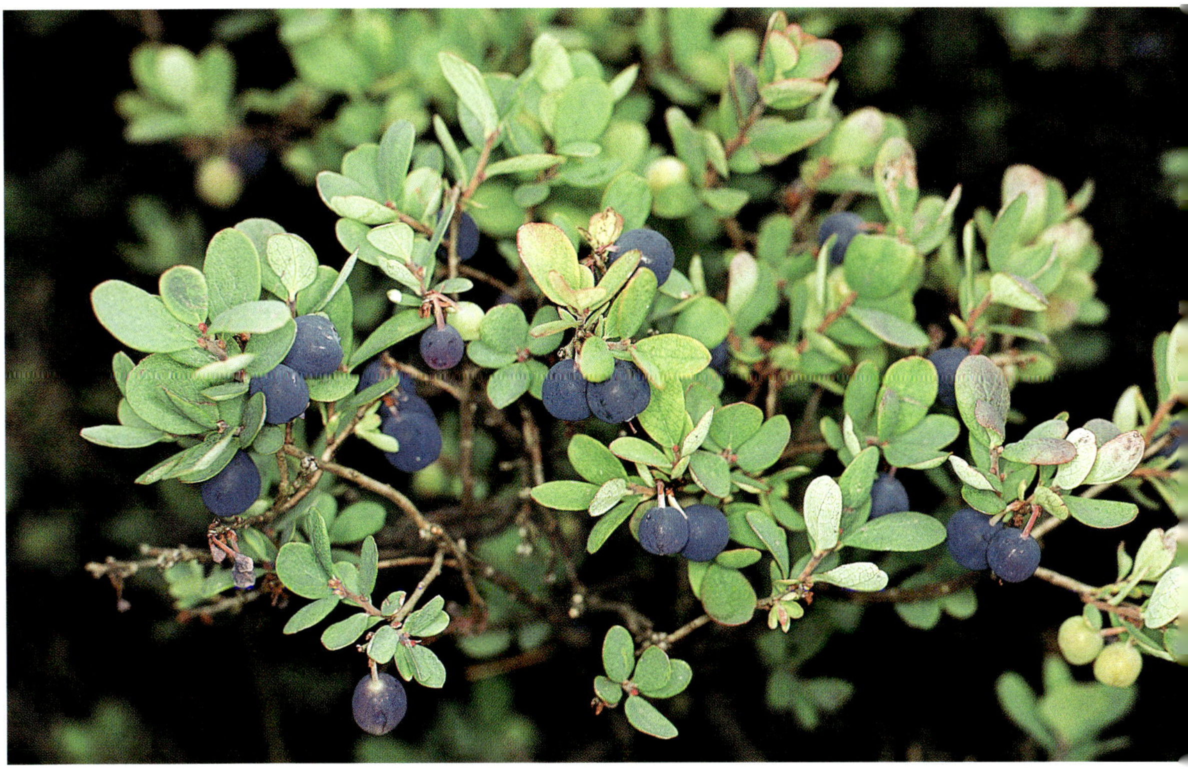

Runzelrose

Rosa rugosa

Die Runzelrose, auch Kartoffelrose genannt, gehört zur Familie der Rosengewächse (Rosaceae).

Merkmale

Die Runzelrose wächst als sommergrüner, buschiger Strauch bis 1,5 m hoch. Die Zweige sind behaart und mit Stacheln und Drüsenborsten besetzt. Die Blätter sind wechselständig angeordnet und unpaarig, 5- bis 9zählig gefiedert. Die einzelnen Teilblätter sind runzelig geadert, grob-gesägt, bis 2,5 cm breit, oberseits kahl, dunkelgrün und glänzend, unterseits grau-grün und behaart. Die bis zu 8 cm breite Blüte ist vorn herzförmig ausgerandet, dunkelrosa bis weißlich und oft halbgefüllt.

Blütezeit

Mai–September.

Frucht

Die Früchte reifen im August und September. Auch bei der Runzelrose findet man zur selben Zeit Blüten und Früchte an einem Strauch. Die Früchte der Runzelrose heißen auch Hagebutten, wie die der Hundsrose (vgl. Seite 44). Die etwa 3 cm dicken, scharlachroten, flach-kugeligen Früchte sind sehr fleischig und von aufrechtstehenden Kelchblättern gekrönt.

Standort/Verbreitung

Mancherorts übertrifft die aus Ostasien eingeführte, aber rasch verwildernde Runzelrose die Hundsrose. Sie ist häufig in Gärten und Anlagen anzutreffen. Auch ist sie für Vögel (Dompfaff, Grünfink und Kernbeißer) und Kleinwild Schutzgehölz und Nahrungslieferant. Die ergiebigen Früchte sind reich an Vitamin C und lassen sich zu Mus, Konfitüre, Kompott und Tee verarbeiten. Rezepte siehe Seite 150.

Sanddorn

Hippophaë rhamnoides

Der Sanddorn, auch Weidendorn und See- oder Stranddorn genannt, gehört zur Familie der Ölweidengewächse (Elaeagnaceae).

Merkmale

Der Sanddorn wächst als sommergrüner Strauch mit sparrigem, aber reich verzweigten Wuchs etwa 5–7 m hoch. Seine dunkelgrauen Äste sind besetzt mit dornspitzigen Auswüchsen, allerdings nur bis in eine mittlere Höhe. Oben sind sie dornenfrei. Die Blätter sind weidenähnlich, wechselständig, 5–8 cm lang, schmal-linealisch, stumpflich oder spitz, kurzstielig und ganzrandig; oberseits grau-grün und kahl, sind sie unterseits silber-weiß und haarig. Der Sanddorn hat zweihäusige Blüten: Männliche und weibliche Blüten wachsen auf verschiedenen Sträuchern. Sträucher mit weiblichen Blüten bleiben verhältnismäßig klein, während jene mit männlichen Blüten schlanker und höher wachsen. Die bräunlichen, unscheinbaren Blüten erscheinen vor den Blättern an den Zweigen vom Vorjahr. Die männlichen Blüten sitzen in kurzen Trauben beieinander und zeigen einen tief eingeschnittenen, zweiteiligen Kelch. Die weiblichen Blüten stehen einzeln, mit kurzem Stiel und nur einer Narbe und besitzen einen rohrähnlichen Kelch.

Blütezeit

März–April.

Frucht

Die kleinen, 8 mm großen, orange-roten Steinfrüchte reifen im August/September. Sie sind herb-sauer, aber saftig und eßbar. Die weiblichen Sträucher tragen zahlreiche Früchte.

Standort/Verbreitung

Der Sanddorn ist im mittleren und nördlichen Europa anzutreffen, vorwiegend an Meeresküsten und entlang der Flußufer. Er liebt kalkhaltige, kiesige oder sandige Böden, ist windfest und salzverträglich. Bei uns kommt er auch in Alpentälern vor, vor allem aber in den Dünen der ost- und westfriesischen Inseln und an der Ostseeküste, wo er als dichter Dünenbewuchs den weißen Sandstrand vor Abtragung durch Wind und Wellen schützt.

Sonstiges

Wegen seiner Nützlichkeit als Küsten- und Böschungsbefestiger ist der Sanddorn unter Schutz gestellt. Leider werden seine Zweige mit den leuchtend-schönen Früchten häufig als Vasenschmuck mitgenommen. Um die Standorte des Sanddorns nicht zu gefährden, sollte man die Zweige in Gärtnereien oder Baumschulen kaufen oder den Sanddorn als Ziergehölz anpflanzen. Sanddorn ist lichtbedürftig, aber anspruchslos und schnittverträglich. Bei Anpflanzungen sollte man unbedingt darauf achten, neben weiblichen auch männliche Pflanzen einzubringen, da sonst die Früchte nicht ansetzen können.
Die Früchte sind wegen ihres hohen Gehalts an Vitaminen ein wertvolles Wildfutter, aber auch gut geeignet zur Herstellung von Konfitüre und Saft. Rezepte siehe Seite 150. Ein kulinarischer Tip: Mit einigen roten Sanddornbeeren läßt sich Fischsuppe pikant würzen.

Schlehe *Prunus spinosa*

Für die Schlehe, häufig auch Schwarzdorn genannt, hat der Volksmund noch eine Reihe anderer Namen bereit: Schlehdorn, Schlehenstrauch, Schlehenpflaume oder Dornstrauch. Sie gehört zur Familie der Rosengewächse (Rosaceae).

Merkmale
Die Schlehe wächst als sparriger und reichverzweigter, sommergrüner Strauch mit echten Dornen. Dornen sind feste Holzgebilde, im Unterschied zu Stacheln, die Auswüchse der Rinde und mit leichtem Druck abzulösen sind. Die rötliche Rinde junger Triebe ist behaart; später wird sie glatt und verfärbt sich schwarz. Die Blätter erscheinen erst nach den Blüten. Sie sind wechselständig, kurzgestielt, länglich, verkehrt-eiförmig, mit doppelt gesägtem Rand, oberseits dunkelgrün, unterseits blaßgrün und 2–5 cm lang. Im frühen Frühjahr zeigt die Schlehe eine weiße Pracht von dichtgereihten, duftenden Blüten, die so zart sind, daß sie schon nach wenigen Tagen verwelken. Die Blüten zeigen die für alle Rosengewächse typische fünfzählige doppelte Hülle. Sie stehen gestielt, meist einzeln an den Kurztrieben.

Blütezeit
März–April.

Frucht
Im Spätsommer setzen die Früchte an. Zuerst grün, werden sie, wenn sie Anfang Oktober/November ausgereift sind, tiefblau. Sie sind fast 1 cm dick, kugelig, hell bereift, stark wachsig und haben einen verhältnismäßig großen Steinkern. Form und Farbe der Früchte verleiten dazu, sie zu probieren. Das rohe Fruchtfleisch ist aber wegen des hohen Gehalts an Gerbsäure ungenießbar. Erst durch Frosteinwirkung bekommt es einen herb-süßen Geschmack.

Standort/Verbreitung
Die Schlehe braucht nährstoffreiche, mineralkräftige, lehmige und kalkhaltige Böden. Sie liebt sonnige Plätze oder Halbschattenlagen. In ganz Europa (mit Ausnahme des Nordens und Nordostens) bis in 1000 m Höhe verbreitet, ist sie bei uns an Waldrändern, felsigen Hängen, in Flurhängen und Gebüschen anzutreffen.

Sonstiges
Der Schlehenstrauch eignet sich zur Befestigung von Böschungen oder trockenen Hängen und als dichte Schutzpflanzung, die undurchdringlicher ist als Stacheldraht. Sie bildet darum für Vögel und Kleintiere ein wertvolles Schutzgehölz. Außerdem ist sie während der frühen Blüte eine wichtige Bienenweide. Die Beeren lassen sich zu Mus, Konfitüre und Saft, von Kennern auch zu Schnaps verarbeiten. Rezept siehe Seite 151. Arzneimittel aus Schlehe sind seit langem bekannt und gebräuchlich. Die getrockneten Blüten und Früchte haben eine blutreinigende und schmerzstillende Wirkung, vor allem bei Magen-, Darm- oder Blasenerkrankungen. Daß auch die Dornen einst wichtig waren, ist längst in Vergessenheit geraten: Bei Hausschlachtungen verschloß man mit ihnen die Wurstdärme.

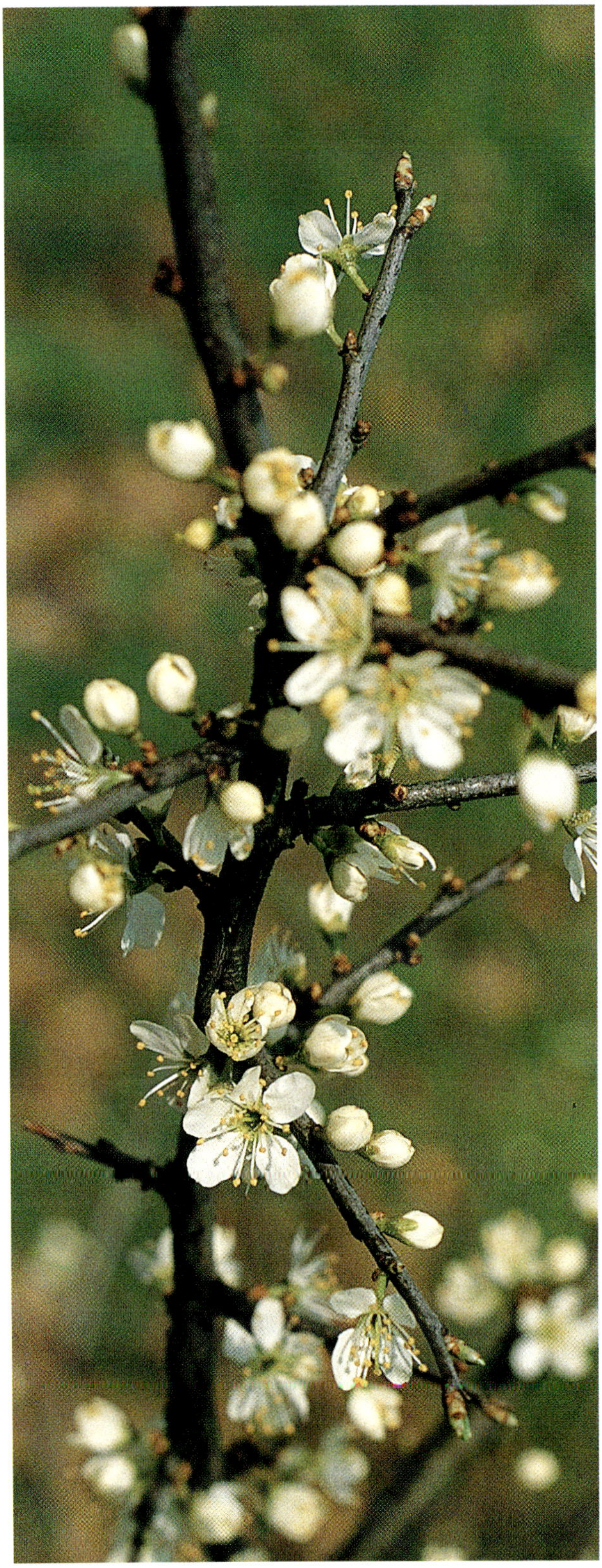
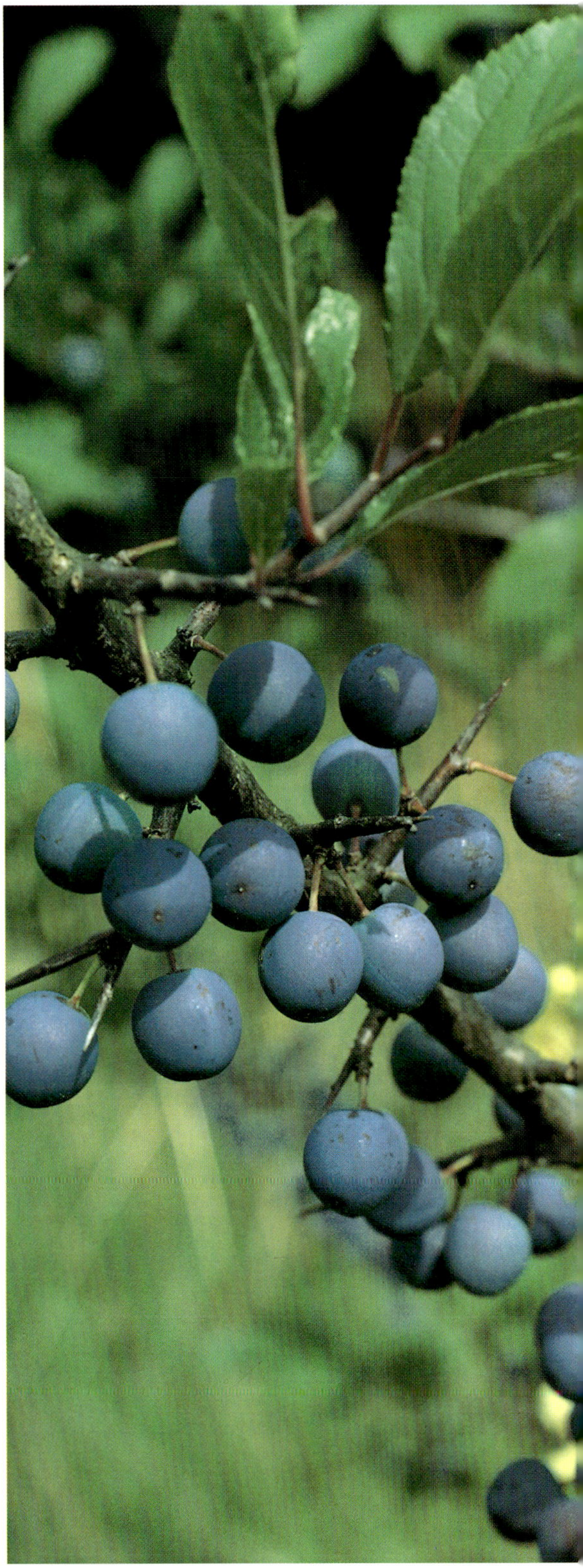

Gemeiner Schneeball *Viburnum opulus*

Der Gemeine Schneeball gehört zur Familie der Geißblattgewächse (Caprifoliaceae).

Merkmale
Der Gemeine Schneeball wächst als buschiger, sommergrüner Strauch 3–5 m hoch. Die Rinde der leicht brüchigen Äste ist braun-gelb und glatt, wird aber mit zunehmendem Alter dunkler und schuppig. Die gegenständigen, gestielten Blätter haben eine ahornartige, 3- bis 5fach gelappte Spreite mit grob gezähntem Rand, kahler Oberseite und feiner Flaumbehaarung auf der Unterseite. Am Grund des Blattstengels sitzen borstige Nebenblätter und am Übergang zur Blattspreite rötliche, schüsselartige Nektardrüsen. Die Blüten stehen in endständigen, etwa 10 cm langen Schirmrispen zusammen. An den Rändern sind große, leuchtendweiße Schaublüten ausgebildet, die aber steril sind. Die in der Mitte stehenden, kleineren Blüten sind zwittrig und gelblich-weiß.

Blütezeit
Mai–Juni.

Frucht
Die leuchtend-rote, etwas glasige Steinfrucht reift im August/September. Sie hat ein saftiges Fruchtfleisch. Oft hängen die Beeren bis weit in den Winter.

Standort/Verbreitung
Der Gemeine Schneeball bevorzugt nährstoffreiche, kalkhaltige Böden, ist leicht salzverträglich und windfest. Er ist an Fluß- und Bachufern und in Auenwäldern anzutreffen, worauf seine alten Namen „Sumpfholunder" und „Wasserschneeball" hinweisen. Er findet sich aber auch in Gebüschen, Mischwäldern und Gräben, an Waldrändern und als Ziergehölz in Parks und Gärten. Verbreitet ist er in fast ganz Europa, vom Tiefland bis in 1100 m Höhe.

Sonstiges
Die Früchte werden von Vögeln erst nach Frosteinbruch gefressen. Das rohe Fruchtfleisch ist ungenießbar und leicht giftig, wird aber in einigen Gegenden gekocht zu Konfitüre verarbeitet. Der Gemeine Schneeball wird auch zur Landschaftsgestaltung angepflanzt; an ungeeigneten Standorten ist er aber anfällig gegen Insektenfraß und Blattläuse.

Schneebeere    *Symphoricarpos rivularis*

Die Schneebeere gehört zur Familie der Geißblattgewächse (Caprifoliaceae).

Merkmale
Die Schneebeere wächst als buschiger, sommergrüner Strauch mit dünnen, vierkantigen, kahlen Zweigen bis 3 m hoch. Die gegenständigen Blätter sind rundlich-elliptisch, spitz oder abgerundet, teils gelappt, ganzrandig, oberseits bläulich-grün, unterseits blaßgrün. Die kleinglockigen, fünfzähnigen, rosaroten Blüten finden sich einzeln oder gedrängt in kurzen Ähren. Die Innenseiten sind stark behaart.

Blütezeit
Juni–Juli.

Frucht
Die Früchte reifen im August/September. Die erbsengroßen, schneeweißen Beeren mit ihren kleinen, schwarzen Kelchnarben enthalten zwei Samen und wabig-schaumiges Fruchtfleisch. Sie sitzen bis in den Winter hinein an den kahlen Ästen.

Standort/Verbreitung
Die aus Nordamerika stammende Schneebeere ist seit langem in großen Teilen Mitteleuropas als Kulturpflanze und verwildert anzutreffen. Oft wird sie in Gärten und als Hecke angepflanzt. Verwildert siedelt sich die Schneebeere in Auenwäldern, in Gebüschen, an felsigen Stellen und in Bachgehölzen an.

Sonstiges
Die Früchte sind, wenn nicht giftig, so doch ungenießbar; für Vögel sind sie aber ein wichtiges Winterfutter. Für Kinder ist die Schneebeere als „Knallerbse" ein beliebtes Spielzeug, weil nämlich die feste Außenhaut bei Druck mit lautem Knall zerplatzt.

Seidelbast 

Daphne mezereum

Der Gemeine Seidelbast, auch Kellerhals, Warzenbast, Lauseblume, Reißbeere und Pfefferstrauch genannt, gehört zur Familie der Seidelbastgewächse (Thymelaeaceae).

Merkmale
Der Seidelbast wächst als sommergrüner, aufrechter, wenig verzweigter Strauch bis etwa 1 m hoch. Die Rinde ist runzelig, gelblich-grau-braun, mit braunen Wärzchen und seidenartigem Bast. Die rutenförmigen Zweige sind an der Spitze beblättert. Die Blätter erscheinen erst, wenn der Seidelbast abgeblüht ist. Sie sitzen büschelig und sind ganzrandig, lanzettlich, am Grunde keilförmig verschmälert, weich, oberseits hellgrün, unterseits grau-grün und kahl. Die rosafarbenen (selten weißen) Blüten ähneln in der Farbe den Pfirsichblüten, in der Form den Fliederblüten. Sie stehen unmittelbar auf den grau-braunen Zweigen in den Blattachseln vorjähriger, abgefallener Blätter in kleinen Büscheln zu zweit oder viert zusammen. Sie zeigen kreuzförmig gestellte, fast eiförmige Blütenblätter, in deren Mitte sich die Blütenröhre mit vier gelben Staubbeuteln befindet. Die Blüten verströmen einen intensiven Mandelduft.

Blütezeit
(Februar) März–April.

Frucht
Die Beeren, die sich im Laufe des Frühjahrs bilden, sind saftig, erbsengroß und zunächst grün. Im August/September ausgereift, haben sie ein verlockendes scharlachrotes Aussehen. Gelbliche Seidelbastbeeren stammen von den selteneren weißblütigen Pflanzen.

Standort/Verbreitung
Der Seidelbast wächst auf nährstoffreichen Böden an warmen Halbschattenplätzen in Laub- und Nadelmischwäldern. In Mitteleuropa ist er im Hügel- und Bergland verbreitet, in den Alpen bis in 2000 m Höhe. Er fehlt im nordwestdeutschen Flachland.

Sonstiges
Der Seidelbast steht unter Naturschutz. Als beliebter Märzblüher wird er häufig in Gärten als Zierstrauch angepflanzt. Wenn sich kleine Kinder dort aufhalten können, sollte man dies aber unbedingt unterlassen, denn der Seidelbast ist in allen Teilen *hochgiftig*. Die Rinde enthält beißend-ätzende Stoffe, und der Genuß von Beeren verursacht Krämpfe und Betäubungen. Zum Verhalten siehe Seite 157.

Speierling

Sorbus domestica

Der Speierling gehört zur Familie der Rosengewächse (Rosaceae).

Merkmale
Der bei uns selten gewordene Speierling wächst langsam als mittelgroßer Baum, manchmal auch bis zu 20 m hoch. Er hat einen kurzen Stamm mit zahlreichen aufstrebenden Hauptästen und eine breit ausladende Rundkrone. Die zunächst grau-grüne Borke wird später birnbaumähnlich rauh und rissig. Das reiche Laubwerk besteht aus wechselständigen, unpaarig 11- bis 21fach gefiederten, länglichen, einfach gesägten Blättern, die oberseits stumpfgrün, unterseits bläulich-grün sind. Die Blätter haben eine gelbe bis rötliche Herbstfärbung. Die zwittrigen, weißen Blüten bilden reiche, kegelförmige Doldentrauben, die einen durchdringenden Geruch verbreiten.

Blütezeit
Mai.

Frucht
Die kleinen, 3 cm großen, apfel- oder birnenförmigen Früchte reifen im September/Oktober. Sie sind gelb-grünlich, auf der Sonnenseite dagegen rotbackig.

Standort/Verbreitung
Der Speierling wächst vorzugsweise in mildem Klima auf frischen, kalkhaltigen, lehmig-mergeligen, auch sandigen Böden mit reichlich Mineralstoffen. Bei uns finden wir ihn nur gelegentlich als Solitärbaum am Mittelrhein, im Nahe-, Mosel- und Maintal. Verbreiteter ist er noch in Südeuropa.

Sonstiges
Die Früchte enthalten Vitamin C, Gerbstoffe und organische Säuren und sind nach Frosteinwirkung oder längerer Lagerung verwertbar. Sie werden als Bestandteile zur Herstellung von Most, Wein und Branntwein verwendet. Früher wurden sie auch in der Volksmedizin bei Magen- und Darmerkrankungen genutzt. Das dauerhafte und schwere Holz ist für Drechslerarbeiten geeignet, forstwirtschaftlich aber ohne Bedeutung. Weil der Baum, der bei uns nie eine große Rolle gespielt hat, gefährdet ist, wurde er von der Schutzgemeinschaft Deutscher Wald und anderen Naturschutzverbänden zum „Baum des Jahres 1993" ausgerufen.

Stechpalme  *Ilex aquifolium*

Die Stechpalme, auch Ilex, Hülse, Stechhülse oder Stecheiche genannt, gehört zur Familie der Stechpalmengewächse (Aquifoliaceae).

Merkmale

Die Stechpalme wächst als dicht verzweigter Strauch, manchmal auch baumartig, mit einem oder mehreren Stämmen etwa 8–10 m hoch. Als Baum ausgebildet, hat die Stechpalme eine pyramidenförmige Krone. Das bekannte Kennzeichen der Stechpalme sind seine immergrünen, wechselständigen, kurz gestielten, lederartigen, eiförmig-elliptischen Blätter, die an ihrem welligen Rand grob stachelspitzig gezähnt sind. Sie werden 3–7 cm lang. Die sehr glänzenden, oberseits dunkelgrünen, unterseits hellgrünen, fiedernervigen Blätter sind, vor allem bei älteren Bäumen, in der Nähe der Blüten und an den oberen Zweigen auch ganzrandig. In einem Zeitraum von 1 bis 3 Jahren erneuern sich die Blätter in wechselnder Folge. Die eher unscheinbaren weißlich-rötlichen Blüten stehen blattachselständig einzeln oder in mehrblütigen Trugdolden. Die Stechpalme ist unvollkommen zweihäusig: die männlichen und weiblichen Blüten enthalten noch verkümmerte, sterile Organe des anderen Geschlechts.

Blütezeit

Mai.

Frucht

Von August bis Oktober reifen die bekannten, glänzend roten, erbsengroßen, 4- bis 5kernigen Steinfrüchte, die für Menschen giftig sind.

Standort/Verbreitung

Die Stechpalme gedeiht auf steinigen und lockeren, nährstoffreichen und feuchten Böden, auch als Unterholz, in Buchen- und Eichenmischwäldern, wird aber auch gerne in Gärten und Parks angepflanzt. In ganz Europa verbreitet, ist sie in Deutschland hauptsächlich im Westen und Nordwesten zu finden.

Sonstiges

Die sehr langsam wachsenden Stechpalmen können ein Alter von über 100 Jahren erreichen. Die Stämme haben dann einen Durchmesser von etwa 50 cm. Das feinfaserige Holz läßt sich in der Kunstschreinerei gut verarbeiten und wird auch gerne für Werkzeuggriffe verwendet. Ilexzweige sind als dekorativer Schmuck beliebt, in England vor allem zu Weihnachten. Die Früchte sind besonders für Drosseln ein wichtiges Winterfutter. Bei Menschen bewirkt der Genuß von Früchten Durchfall und Magenkrämpfe. Zum Verhalten im Vergiftungsfall siehe Seite 157. In der früheren Volksmedizin hat man aus der Stechpalme Mittel gegen Fieber und gegen Gicht- und Steinleiden gewonnen.

Steinbeere

Die Steinbeere, auch Felsenbeere oder Stein-Brombeere genannt, gehört zur Familie der Rosengewächse (Rosaceae). Dieser letzte Name drückt auch aus, daß sie innerhalb dieser Familie zur selben Gattung gehört wie Moltebeere und Brombeere.

Merkmale

Die Steinbeere wächst nur 20–30 cm hoch. Die nicht blühenden Triebe wachsen im Bogen auf den Erdboden und wurzeln mit der Spitze wieder ein. Die wechselständigen Blätter sind dreizählig zusammengesetzt, eingeschnitten-gesägt, verkehrt-eiförmig und beiderseits grün. Nebenblätter sind eiförmig-elliptisch. Der stachelige, krautige Blütenstengel wächst aufrecht. Angeordnet in lockeren Endrispen zeigen sich bis zu 10 zwittrige, weiße Blüten.

Blütezeit

Mai.

Frucht

Eine Sammelfrucht aus wenigen glänzend-roten Steinfrüchtchen, die oft kaum zusammenhängen. Sie schmeckt ähnlich wie die Johannisbeere.

Standort/Verbreitung

Die Steinbeere wächst auf kalk- und humusreichen Böden in Gebüschen, Dickichten und Laubwäldern, auch an steinigen Stellen im Gebirge, wo sie noch in Höhen über 2000 m anzutreffen ist. In fast ganz Europa verbreitet, kommt sie in Deutschland nur noch sehr verstreut und selten vor. Wer diese Pflanze findet, sollte sie darum unbedingt schützen!

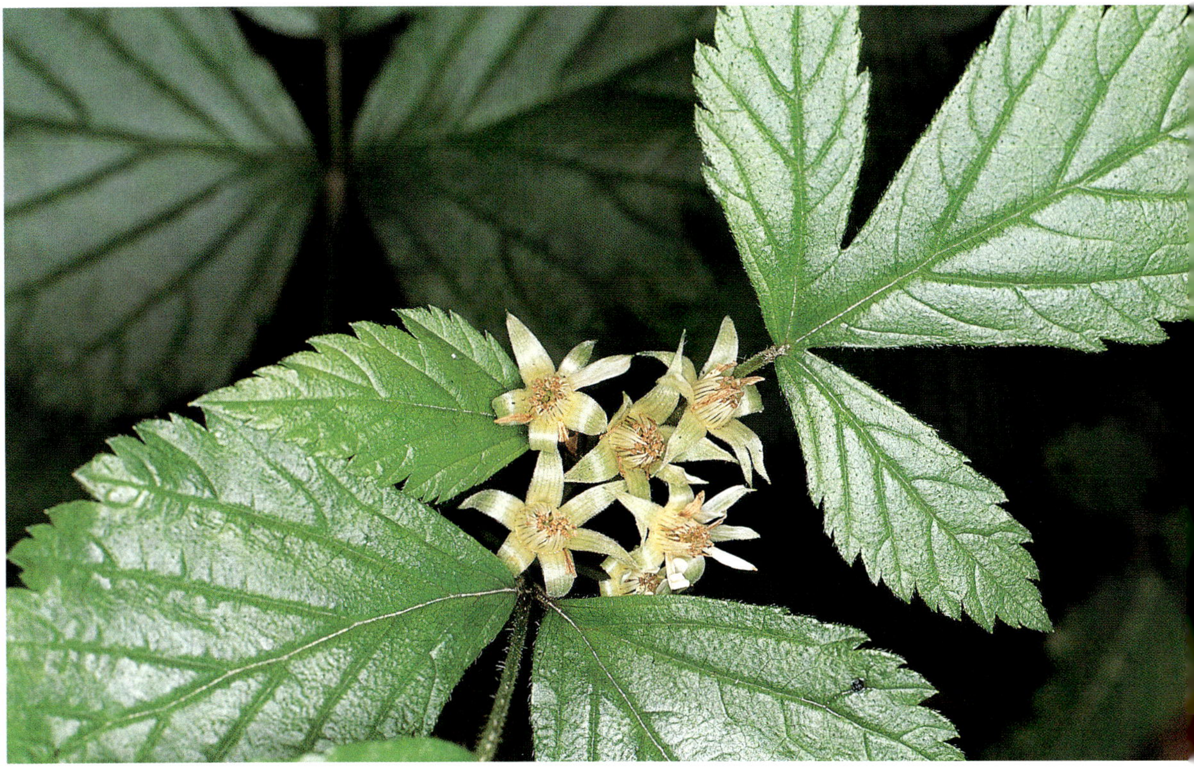

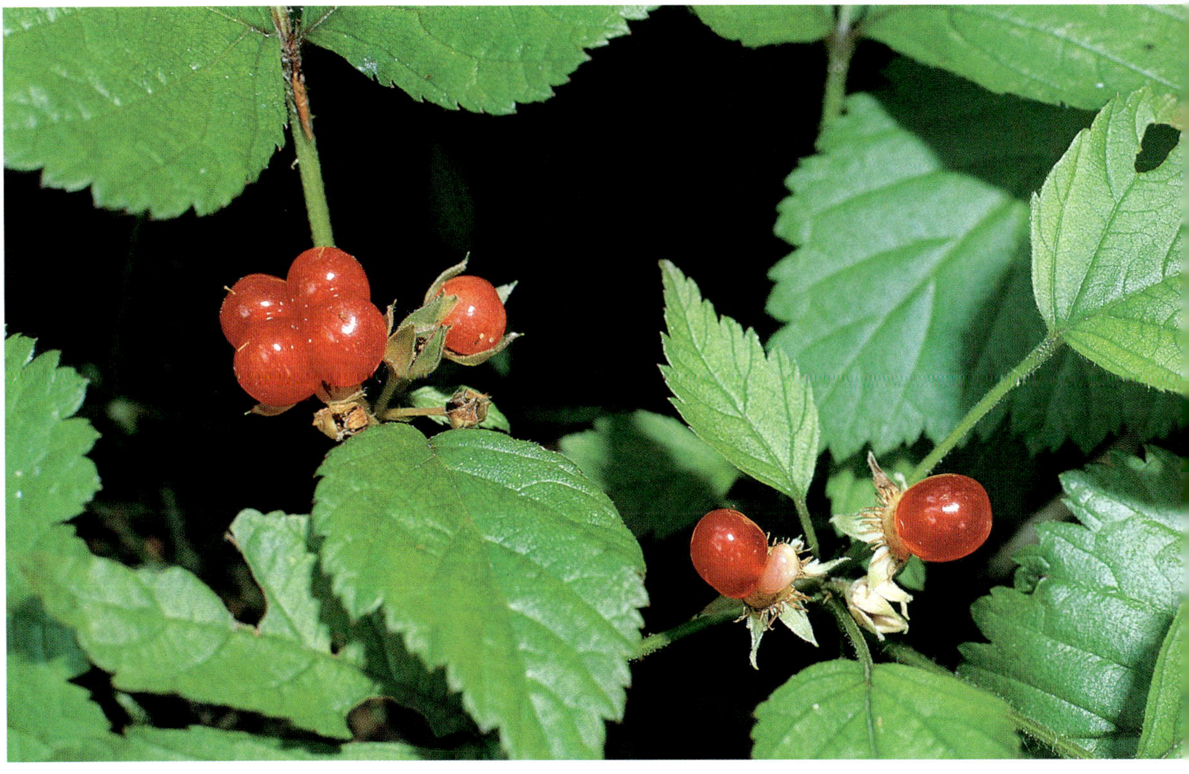

Steinweichsel

Prunus mahaleb

Die Steinweichsel, auch Weichselkirsche oder Felsenkirsche genannt, gehört zur Familie der Rosengewächse (Rosaceae).

Merkmale

Die Steinweichsel wächst als sommergrüner, stark verzweigter, sparriger Strauch oder kleiner Baum bis 6 m hoch. Die langgestielten, wechselständigen Blätter sind leicht gezähnt, von kräftiger grüner Farbe, vielnervig, etwas ledern und 4–8 cm lang. Die 1 cm breiten, weißen, langgestielten, zarten Blüten stehen zu 4–8 oder 12 in Doldentrauben.

Blütezeit

April–Mai.

Frucht

Die erst gelbliche, dann rote, erbsengroße Steinfrucht wird Ende August voll ausgereift tiefschwarz und hat einen bitter-herben Geschmack.

Standort / Verbreitung

Die Steinweichsel liebt trockene, kalkreiche Böden an geschützten, warmen Stellen. In Südeuropa noch verbreitet, wächst sie bei uns verstreut bis selten und ist noch im Oberrhein-, Donau- und Altmühltal anzutreffen.

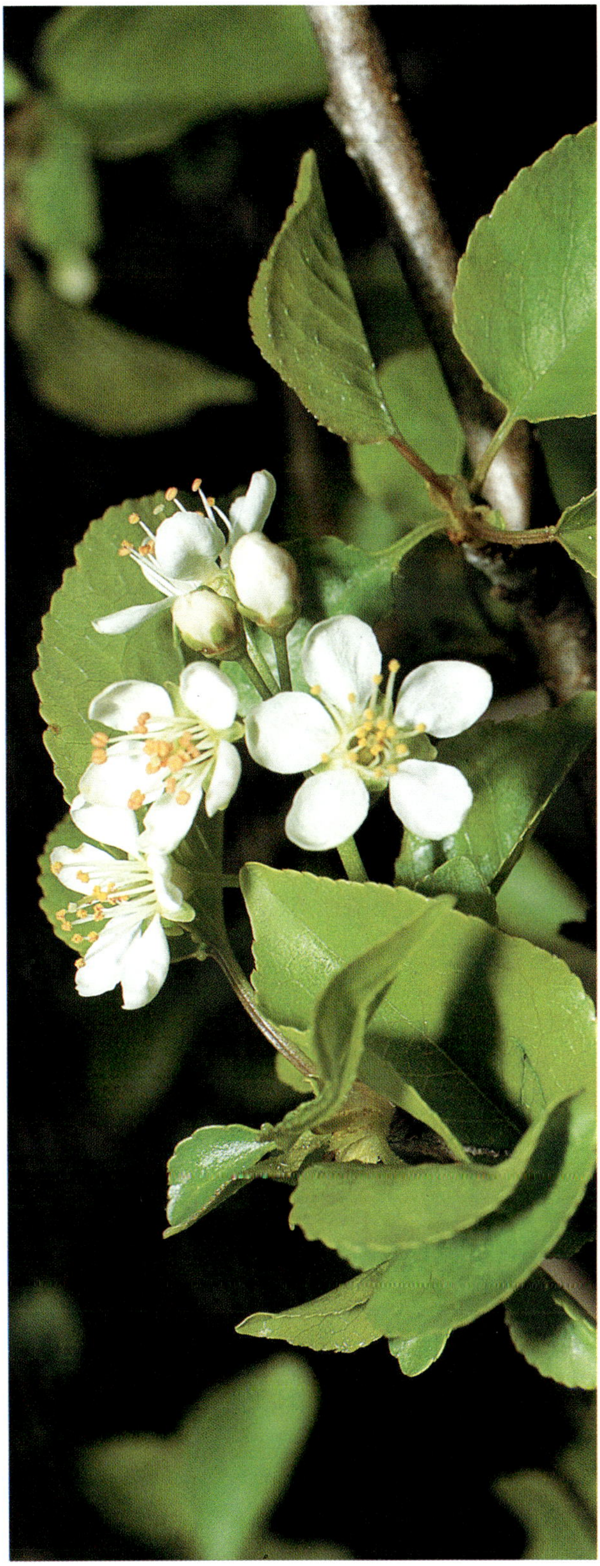

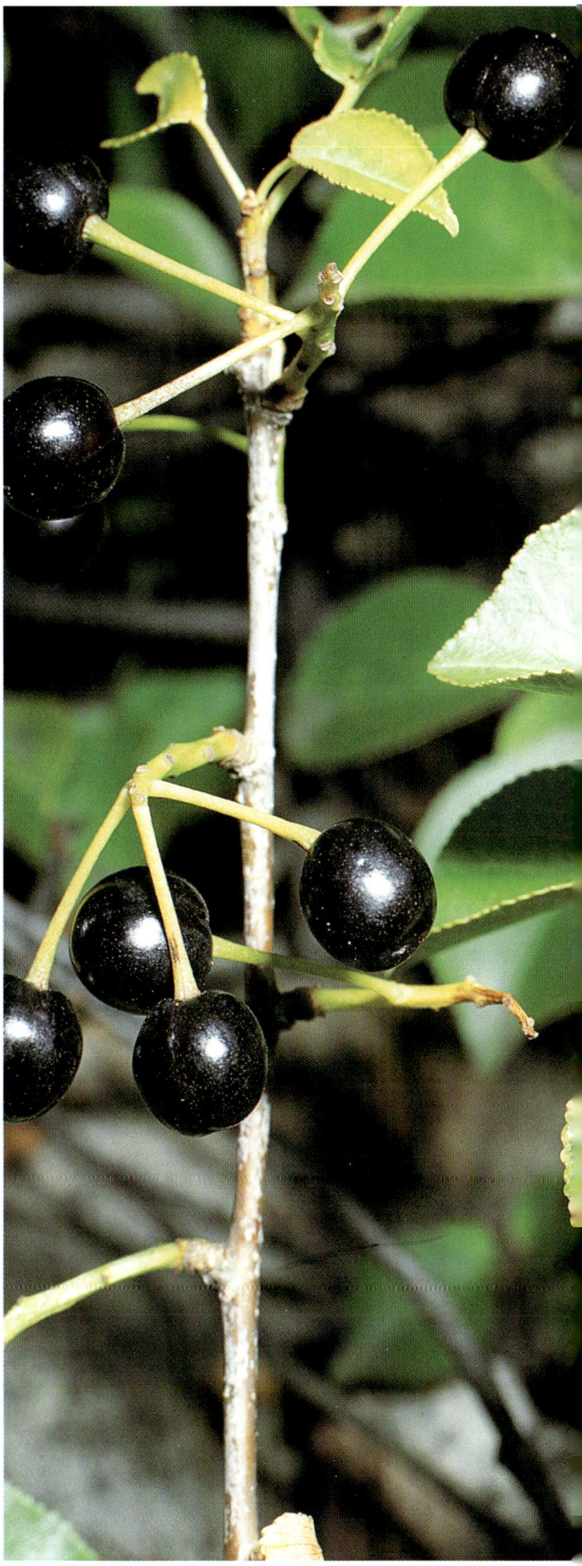

Tollkirsche  *Atropa belladonna*

Die Tollkirsche, der der Volksmund auch abschreckende Namen gegeben hat, wie Teufels-beere oder Wut-, Wolfs- und Giftbeere, gehört zur Familie der Nachtschattengewächse (Solanaceae).

Merkmale

Die Tollkirsche wächst als 1,50 m hohe reichästige, krautige Staude. Nahezu alle Zweige breiten sich waagrecht aus. Die dunkelgrünen, wechselständigen Blätter sind eiförmig-ellip-tisch, ganzrandig, zugespitzt und flaumig behaart. Sie werden bis zu 15 cm lang und 8 cm breit. In der Achsel eines eigenen kleineren Tragblattes entspringt die Blütenknospe. Die einzelnen, an längeren Stielen überhängenden Blüten haben einen fünfspaltigen Kelch und eine glockenförmige, etwa 3 cm lange Blütenkrone, die außen braun-violett und innen schmutzig-gelb mit roten Äderchen durchsetzt ist. Den Saum der Blütenkrone bilden fünf abgerundete, etwas zurückgerollte Lappen. Ein zweispaltiger Griffel überragt fünf wand-ständige Staubblätter.

Blütezeit

Juni–August.

Frucht

Von Juli bis September sieht man an einer Staude gleichzeitig Blüten, unreife und reife Früchte. Die reifen Beeren sitzen in einem fünfzipfeligen grünen Kelch, sind kugelig, kirsch-groß, glänzend-schwarz und tragen zahlreiche nierenförmige Samen.

Standort/Verbreitung

Die Tollkirsche trifft man auf kalkhaltigen Böden in Kahlschlägen, Waldrainen und hellen Mischwäldern. In Mittel- und Südeuropa verbreitet, kommt sie in Deutschland im Norden seltener vor als im Süden.

Sonstiges

Die Tollkirsche wurde ausführlich beschrieben, weil sie äußerst giftig ist. Auch nach dem Verzehr nur weniger Beeren stellen sich auffällige Symptome ein wie Bewußtseinsstörun-gen, Pulsbeschleunigung, Pupillenerweiterung und Gesichtsrötung. Zum Verhalten im Ver-giftungsfall siehe Seite 157.

Besonders Kinder soll man auf die Unterschiede zwischen Eßkirsche (Steinkern, langer Stiel, kein ansitzender, blättriger Kelch) und Tollkirschbeere (viele Einzelsamen, kurzer Stiel, brei-ter, ansitzender, zipfeliger Kelch) hinweisen. In früheren Zeiten galt der Tollkirschsaft we-gen seines pupillenerweiternden Effektes als Schönheitsmittel (bella donna = schöne Frau). Der violett-rote Saft diente aber auch zum Schminken, zum Nachfärben von Rotwein und als Zusatz zu alkoholischen Getränken, um die berauschende Wirkung zu steigern. Die von der pharmazeutischen Industrie aus der Tollkirsche gewonnenen Präparate sind Bestand-teile von Schmerz- und Asthmamitteln und wirken krampflösend. Sie werden auch in der Augenheilkunde verwendet.

Ohne schädigende Wirkung werden Tollkirschen von Drosseln, Eichelhähern und anderen Waldvögeln gefressen, die dadurch zur Verbreitung beitragen.

113

Traubenkirsche

Die Traubenkirsche, auch Ahlkirsche oder Stinkbeere genannt, gehört zur Familie der Rosengewächse (Rosaceae).

Merkmale

Die Traubenkirsche wächst als großer Strauch oder mittelgroßer Baum bis 10 m hoch. Er hat einen schlanken, geraden Stamm mit rutenförmigen, oft überhängenden Zweigen und einer tief angesetzten, länglichen, dichtbelaubten Krone. Die Rinde ist braun und an den jungen Zweigen mit weißen Punkten bedeckt. Später wird die Rinde am Stamm und an den Hauptästen rissig. Bei Zerreiben entwickelt sie einen unangenehmen, bittermandelartigen Geruch. Die Blätter des schön und schnell wachsenden Strauches haben bis 1,5 cm lange Stiele und sind wechselständig, eiförmig-elliptisch, 5–10 cm lang, spitz auslaufend und an den Rändern fein gesägt. Oberseits sind sie rauh und dunkelgrün, unterseits etwas heller blau-grün. Im Herbst nehmen sie eine gelb-rote Färbung an. Zur selben Zeit wie die Blätter entfalten sich die Blüten. Die weißen, duftenden Blüten stehen in Blütenständen von bis zu 15 cm langen, hängenden Trauben.

Blütezeit

April–Mai.

Frucht

Die etwa 1 cm großen, kugeligen, schwarz glänzenden Früchte reifen von Juni bis September. Sie stehen wie die Blüten in traubenförmigen Fruchtständen.

Standort/Verbreitung

Die Traubenkirsche bevorzugt nährstoffreichen, nassen bis feuchten Lehmboden, lieber noch Sumpfboden. Vom Tiefland bis in die Alpen verbreitet, findet man sie in Auengehölzen, Schluchtwäldern, an Flüsssen und Bächen, an Straßen und Hecken.

Sonstiges

Wegen ihres herbbitteren Geschmacks werden die Traubenkirschen manchmal fälschlicherweise für giftig gehalten. Aus den Früchten lassen sich Marmelade, Essig oder Getränke herstellen. Man verwertet sie aber nur zusammen mit anderen Wildfrüchten. Rezept siehe Seite 152.
Die getrocknete Rinde hat Eingang in die Naturheilkunde gefunden. Sie gilt als Beruhigungsmittel bei Krämpfen, senkt Fieber und hilft gegen Durchfall. Die Blüten sind eine wertvolle Bienenweide, die Früchte dienen vor allem auch als Vogelfutter. Vielfach werden auch Zuchtformen der Traubenkirsche wegen der dekorativen Wirkung als Ziergehölz in Gärten und Parks angepflanzt.

Vogelkirsche *Prunus avium*

Die Vogelkirsche, auch unter dem Namen Süßkirsche bekannt, gehört zur Familie der Rosengewächse (Rosaceae).

Merkmale

Die Vogelkirsche wächst als sommergrüner Baum mit einem aufrecht-zylindrischen Stamm bis zu 20 m hoch. Die ziemlich dicken, aufstrebenden Äste mit zahlreichen Kurztrieben bilden eine hochgewölbte, runde Krone. Die Rinde des jungen Baumes ist rötlich-grau und glatt, später löst sie sich ringförmig ab. Die mattgrünen Blätter sind wechselständig, länglich-oval, zugespitzt, bis 16 cm lang mit einem etwa 3 cm langen Stiel. Die groben Ränder sind unregelmäßig gesägt. Im Herbst verfärben sich die Blätter leuchtend orange oder rot. Die weißen, in ihrer Fülle prächtigen Blüten bilden an den vorjährigen Zweigen doldenförmige Büschel, in denen sie auf bis zu 5 cm langen Stielen stehen.

Blütezeit
April–Mai.

Frucht

Die kleinen, nur erbsengroßen Früchte der Vogelkirsche haben einen großen Stein im Innern und reifen schon im Juni oder Juli. Gewöhnlich von roter Farbe, können sie auch schwarz oder sogar weißlich sein.

Standort/Verbreitung

Die Vogelkirsche braucht viel Licht und ist gegen Nässe empfindlich. In Schattenlagen verkümmert sie und bildet keine Blüten aus. Sie braucht kalkhaltige, leicht feuchte, lehmig-tonige, nährstoffreiche Böden. Sie steht in lichten Mischwäldern, in Hecken, an Waldrändern und Hecken und ist in ganz Europa verbreitet; im Gebirge bis etwa 1500 m Höhe.

Sonstiges

Die Vogelkirsche ist die wildwachsende Ausgangsform unserer kultivierten Süßkirsche. Von Kleinasien über Rom (Lukull!) gelangten die Kulturkirschen nach Mitteleuropa. Die bei uns wachsenden Vogelkirschen sind also nicht die direkten Vorfahren der angebauten Süßkirschen. Sie haben aber erhebliche Bedeutung als Unterlagen für Süß- und Sauerkirschen. Die Vogelkirsche eignet sich aber auch als Gehölz zur Landschaftsgestaltung. Sie wächst schnell und blüht bereits nach wenigen Jahren. Sie kann an geeigneten Standorten 80–90 Jahre alt werden. Ihr Stamm erreicht dann eine Dicke von etwa 80 cm. Das Holz ist als Furnierholz sehr wertvoll. Die Früchte haben einen aromatischen, aber im Unterschied zur Kulturkirsche herberen Geschmack. Sie eignen sich als Grundlage für die Bereitung von Säften, Likören und Schnäpsen, werden aber merkwürdigerweise selten gesammelt und verwertet.
Vogelkirschzweige, nach einer Frostperiode am 4. Dezember in eine Vase ins Zimmer gestellt, blühen meist zu Weihnachten auf („Barbarazweige").

117

Gemeiner Wacholder *Juniperus communis*

Der Wacholder, der im Volksmund u. a. auch die Namen Krammetsbeerenbaum, Machandelbaum, Reckholder, Weihrauchbaum oder Feuerbaum hat, gehört zur Familie der Zypressengewächse (Cupressaceae).

Merkmale
Der Wacholder ist ein echtes Nadelholz und daher immergrün. Er wächst als Strauch 3–5 m hoch, kann aber als Baum auch eine Höhe von 10–15 m erreichen. Der hochaufgeschossene, langsam wachsende Wacholderbaum bildet eine deutlich erkennbare, spitzkegelförmige Krone aus, die am Stamm tief herabreicht. Meist ist er am Grunde schon verzweigt. Stämme und Äste tragen eine rot-grau-braune, zunächst glatte, später schuppige und längsrissige Rinde, die sich faserig abschält. Die nadelförmigen Blätter des Wacholders spitzen sich zu, sind dreieckig und 6–20 mm lang. Sie stehen in Quirlen zu dritt anfangs aufgerichtet, später abstehend auf den Zweigen. Oberseits zeigen sie einen weiß-bläulichen Wachsstreifen. Die Wacholderblüten sind meist zweihäusig, die männlichen und weiblichen Blüten wachsen also auf verschiedene Bäume verteilt, jeweils blattachselständig auf den Zweigen des Vorjahres. Die männlichen Blüten sind etwa 4–5 mm groß, rund-eiförmig und gelb. Die unscheinbaren weiblichen Blüten wirken wie grüne Knospen.

Blütezeit
April–Mai.

Frucht
Die Wacholderbeere ist eine Scheinfrucht. Sie besteht bei der Befruchtung aus drei Fruchtschuppenblättern mit je einer Samenanlage. Die Fruchtblätter schwellen an, verwachsen miteinander und lassen so einen zierlichen Zapfen entstehen, aus dem im August/September des 2. oder 3. Jahres die Beere heranreift. Die drei Samenkerne sind dann von einer kugeligen Hülle umgeben, die sich dunkelblau bis violett gefärbt hat.

Standort/Verbreitung
Der Wacholder liebt sandige, nährstoffarme, trockene Böden. Man trifft ihn auf Heiden, Magerweiden, Waldsäumen, Sandfluren und lichten Nadelwäldern bis in 1500 m Höhe. Er ist in ganz Europa verbreitet.

Sonstiges
Wegen seines süßlich-aromatischen Geschmacks ist (getrockneter) Wacholder als Gewürz sehr geschätzt. Er enthält Traubenzucker und ätherische Öle. Zu Wildbraten und Sauerkraut gehören Wacholderbeeren als Geschmacksbeigabe. Gin und Genever werden auf Wacholderbasis hergestellt, der Geschmack anderer Spirituosen beruht auf der Zugabe von ätherischem Wacholderöl. Ein Rezept für Wacholderlikör siehe Seite 152.
In der Heilkunde werden die Beeren als Tee oder Mus gegen Blasenleiden, Gicht, Rheuma, Leber-, Nieren- und Hautleiden verwendet und auch als harn- und schweißtreibende Arznei. Das harte Holz alter Wacholderstämme ist bei Drechslern und Schnitzern für feine Holzarbeiten beliebt. Wacholderharz wurde früher als unechter Weihrauch gehandelt („Weihrauchbaum"!).

119

Walderdbeere

Fragaria vesca

Die Walderdbeere gehört zur Familie der Rosengewächse (Rosaceae).

Merkmale

Die Walderdbeere wächst als nur 20 cm hohe Pflanze mit langen Ausläufern. Sie hat drei-zählige Blätter mit grob gezähnten Fiedern auf behaartem Blattstiel. Die aufrechten Stengel tragen zwischen 3 und 10 Blüten, die – wie bei allen Rosengewächsen – fünfzählig sind. Die Kronblätter sind weiß.

Blütezeit

Mai–Juni.

Frucht

Nach dem Verblühen sind die Kelchblätter abstehend oder zurückgeschlagen. Der Blütenbo-den wird fleischig, aus ihm entsteht eine Scheinfrucht, auf der sich die Samen als kleine, glänzende Nüßchen finden. Die Vermehrung der Pflanze geschieht durch diese Samen, aber auch auf vegetativem Weg mit Hilfe der oben genannten, über den Boden kriechenden Aus-läufer. An deren Ende wurzelt sich die Walderdbeere neu ein. Der Ausläufer wird von der Mutterpflanze bis zu einem bestimmten Wachstumsstadium mitversorgt. Die ersten Früchte reifen im Juli.

Standort/Verbreitung

Die Walderdbeere wächst gerne auf etwas feuchten, nährstoffreichen, lehmigen Böden. Man findet sie in Wäldern, sonnigen Waldrändern und Lichtungen, Böschungen und Weg-rändern und in Gebüschen. In ganz Europa verbreitet, ist sie auch bei uns häufig anzutref-fen. Sie wächst bis in einer Höhe von etwa 2000 m.

Sonstiges

Wegen ihrer wohlschmeckenden, an Vitaminen und Zucker reichen Früchte hat man die Walderdbeere früher sehr häufig in Gärten kultiviert, bis sie durch die Einführung der groß-früchtigen Kultur-Erdbeere verdrängt wurde. In der sog. Monatserdbeere hat sich die Art aber behaupten können. Ihres besonderen Aromas wegen werden die Walderdbeeren im-mer wieder gerne von Kennern gesammelt. Um sie voll genießen zu können, sollte man sie eigentlich immer roh essen. Rezepte zur Verarbeitung siehe Seite 152.
Auch als Heilpflanze hat die Walderdbeere eine lange Tradition. Teemischungen aus Blät-tern entfalten einen ähnlichen Geschmack wie Schwarzer Tee.

Waldhimbeere *Rubus idaeus*

Die Waldhimbeere gehört zur Familie der Rosengewächse (Rosaceae).

Merkmale

Die Waldhimbeere wächst als sommergrüner Halbstrauch, dessen Triebe also nur teilweise verholzen, 1–2 m hoch. Dem unterirdisch kriechenden Wurzelstock entsprießen lange, mit kleinen Stacheln besetzte, biegsame, noch sterile Zweige, die erst im 2. Jahr Seitentriebe bilden, blühen, Früchte tragen und nach der Fruchtreife absterben. Die eiförmigen Blätter stehen wechselständig an den Zweigen, sind drei- bis siebenzählig gefiedert, oberseits runzelig und frischgrün, unterseits weißfilzig. Die sehr kleinen Nebenblätter sind schmal-lanzettlich. Die Blätter färben sich im Herbst gelb. Weiß-rosafarbene Blüten hängen in langen, lockeren Trauben an den zweijährigen Zweigen. Wie bei allen Rosengewächsen sind die Blüten fünfzählig und tragen zahlreiche Staubgefäße.

Blütezeit

Mai–Juni.

Frucht

Die „Himbeeren" sind mattrote Sammelfrüchte, die sich leicht vom kegelförmigen Blütenboden ablösen lassen; sie bestehen aus vielen, flaumig behaarten kleinen Steinfrüchten, die im eigentlichen Sinn Beeren sind. Sie reifen ab Juli.

Standort/Verbreitung

Die Himbeere wächst in der Ebene wie im Bergland; sie braucht aber nährstoffreiche, leicht feuchte, stickstoffhaltige Böden und liebt schattige Plätze. Man findet sie in Gebüschen und Hecken, an Waldrändern und in Lichtungen und Kahlschlägen. In Europa ist sie allgemein verbreitet, in den Alpen bis 1800 m hoch.

Sonstiges

Die Himbeeren sind von jeher beliebte Wildfrüchte, die gerne gesammelt werden. Sie sollten aber nur ausgereift geerntet werden, weil sich dann erst Duft und Geschmack voll entfaltet haben. Geschmack und Duft erhalten sich auch beim Kochen zu Sirup, Saft, Konfitüre, Kompott oder Gelee. Rezepte siehe Seite 153.
Wie Brombeere und Erdbeere ist auch die Himbeere als Heilpflanze bekannt. Getrocknete Blätter und Früchte liefern einen beliebten Haustee, der leicht verstopfend wirkt.

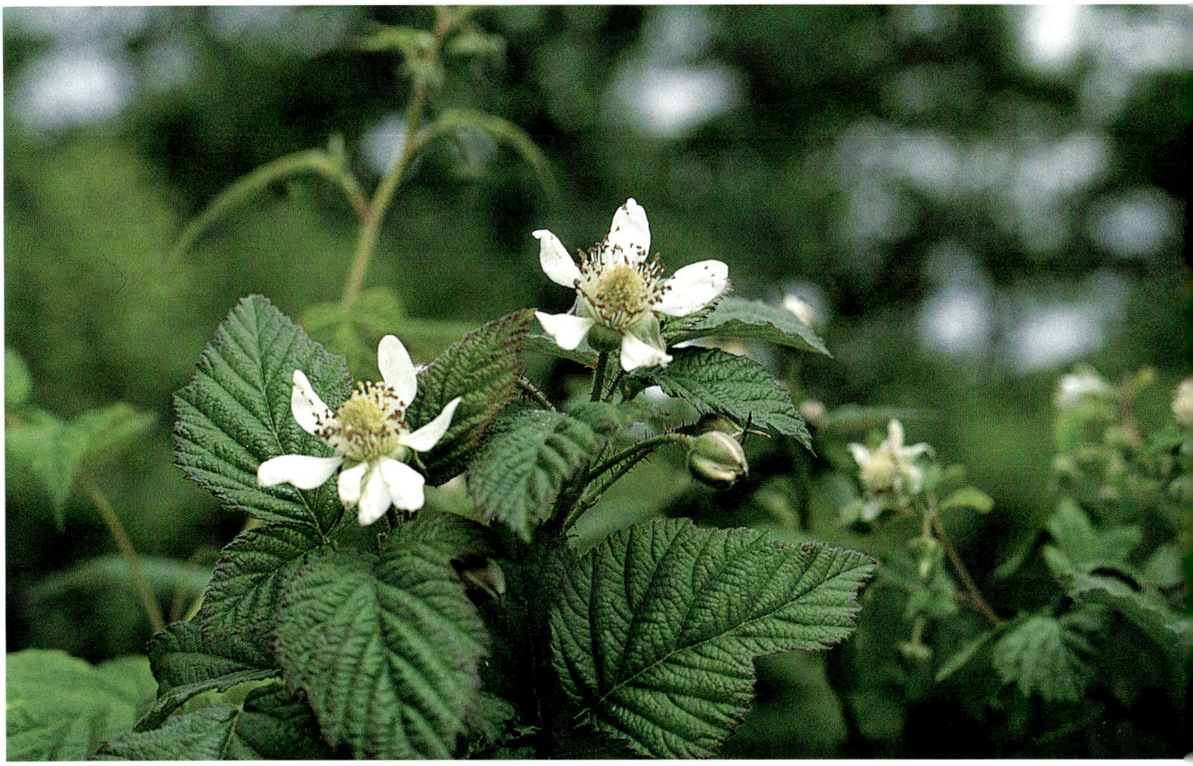

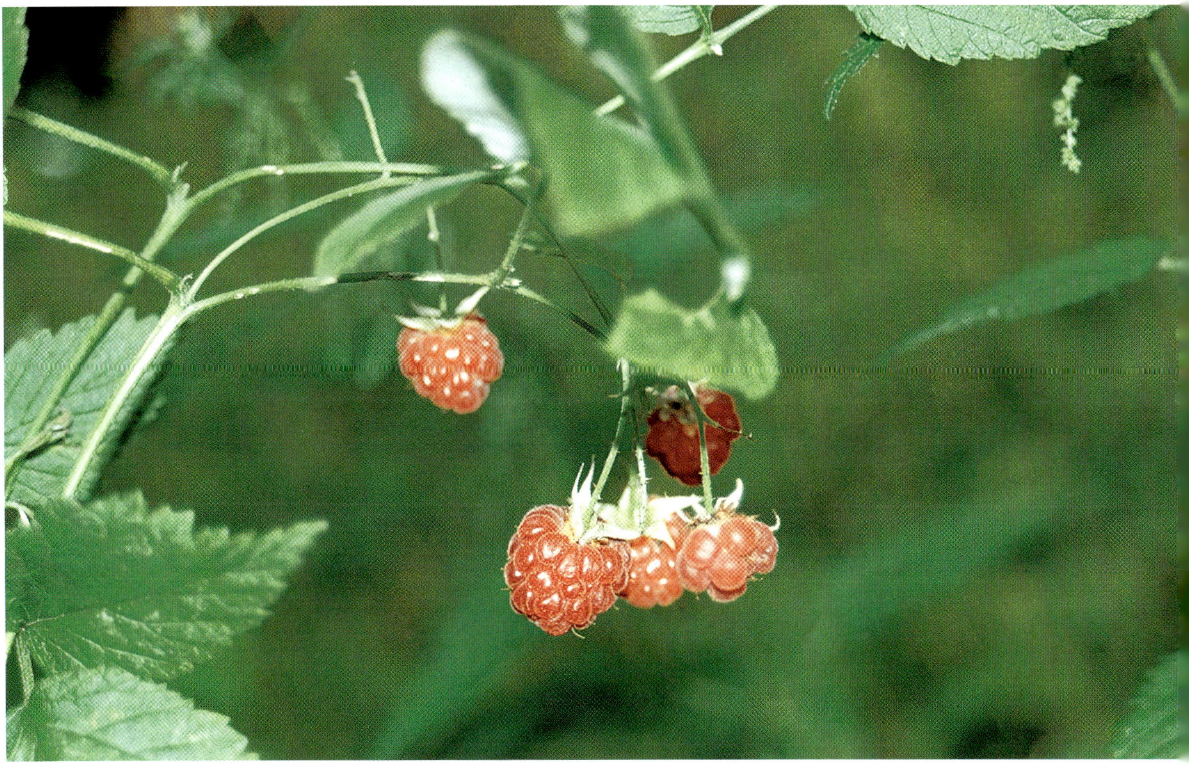

Waldjohannisbeere

Die Waldjohannisbeere oder auch Rote Johannisbeere ist mit der Bergjohannisbeere (vgl. Seite 14) verwandt und gehört wie diese zu der Familie der Stachelbeergewächse (Grossulariaceae).

Merkmale

Die Waldjohannisbeere wächst als kräftiger, sommergrüner, stachelloser Strauch bis etwa 2 m hoch, erst aufrecht, dann mit weit übergeneigten Zweigen. Die Zweige sind anfangs behaart, haben eine grau-braune Farbe, sterben aber nach einigen Jahren ab. Die Blätter sind am Grunde mehr oder weniger herzfömig, 3- bis 5lappig, kerb-gesägt, dunkelgrün, im Herbst fahlgelb. Die unauffälligen, gelblich-grünen Blüten stehen in vielblütigen, nickenden oder hängenden Trauben. Sie sind zweihäusig und werden von Insekten bestäubt.

Blütezeit

März–April.

Frucht

Die roten, kugeligen Früchte reifen im Juni/Juli.

Standort/Verbreitung

Die Waldjohannisbeere liebt feuchte, schattige Plätze, verträgt aber keine starke Sonneneinstrahlung oder Trockenheit. Sie gedeiht gut im Unterwuchs von Laubmischwäldern, in Auenwäldern, Gebüschen und Schluchten. In Europa ist sie weitverbreitet.

Sonstiges

Die meisten Kulturjohannisbeeren stammen von der Waldjohannisbeere ab, die seit dem späten Mittelalter zuerst in Nordfrankreich und im Gebiet des heutigen Belgien kultiviert worden ist. Durch Kreuzungen sind die heutigen vielfältigen Frucht- und Farbvarianten entstanden. Die Beeren können frisch verzehrt oder zu Saft und Konfitüre verarbeitet werden. Rezepte siehe Seite 154. Als Arzneipflanze spielt die Waldjohannisbeere heute keine Rolle mehr. Dagegen findet sie sich immer häufiger als Zier- und Heckenpflanze.

Waldstachelbeere *Ribes uva-crispa*

Die Waldstachelbeere gehört zur Familie der Stachelbeergewächse (Grossulariaceae).

Merkmale
Die Waldstachelbeere wächst als sommergrüner Strauch breit aufrecht bis 1,5 m hoch. Die langen, dünnen Äste sind mit meist dreiteiligen Stacheln besetzt. Die büschelständigen, sattgrünen Blätter sind 3- bis 5lappig, etwas behaart und werden 3–4 cm breit. Die unscheinbaren Blüten sind glockig und hängen büschelig zu 1–3 an einem gemeinsamen Stiel. Bei den fünfzähligen Blüten sind die Kronblätter grünlich-gelb, die Kelchblätter rötlich überlaufen.

Blütezeit
April–Mai.

Frucht
Die grünen oder auch gelb-roten Früchte reifen im August. Sie sind kugelig oder länglich, bis 1,5 cm groß, steifhaarig, eßbar und haben eine süß-säuerlichen Geschmack.

Standort/Verbreitung
Die Waldstachelbeere gedeiht am besten im lichten Schatten oder Halbschatten auf nährstoffreichen Böden. Sie ist frosthart, aber empfindlich gegen Hitze und Trockenheit. Die wildwachsende Stachelbeere kommt nirgends zahlreich oder in Massen vor. Sie wächst im Unterholz von Bruch- und Auenwäldern, in feuchten Gebüschen und Hecken, aber auch in den Alpen auf Steinriegeln.

Sonstiges
Die Waldstachelbeere ist die Stammform der kultivierten Gartenstachelbeere und wie die Waldjohannisbeere etwa seit dem späten Mittelalter kultiviert worden. Die Früchte der Stachelbeere lassen sich vielfältig verarbeiten, wobei man aber nicht mehr häufig verwertbare Mengen sammeln kann. Rezepte für Wildfruchtkonfitüre mit Waldstachelbeeren siehe Seite 155.
Gelegentlich wird die Stachelbeere auch als Zier- und Heckenpflanze kultiviert.

Eingriffliger Weißdorn *Crataegus monogyna*

Vom eingriffligen Weißdorn, der auch Gemeiner Weißdorn genannt wird, wird der Zwei-grifflige Weißdorn (Crataegus laevigata) unterschieden (siehe Seite 130). Die Unterschiede bestehen nicht nur in der Zahl der Griffel, sondern auch in der Form der Blätter und der Art der Früchte. Beide Arten sind in Mitteleuropa weit verbreitet und gehören zur Familie der Rosengewächse (Rosaceae).

Merkmale
Der Eingrifflige Weißdorn wächst als Strauch, seltener als Baum, 5–8 m hoch. Die üppig und dicht wachsenden Äste haben eine glatte, helle Rinde. An den Spitzen und in den Blattach-seln sitzen etwa 2 cm lange Dornen. Die wechselständigen Blätter sind oberseits glänzend dunkelgrün, unterseits bläulich-grün, 3- bis 7fach gelappt, ungleich gesägt und tief einge-schnitten. Die fünfzähligen weißen Blüten mit roten Staubbeuteln sitzen in Doldenrispen.

Blütezeit
Mai–Juni.

Frucht
Die oval-kugeligen, gekrönten, roten Früchte mit meist einem Stein reifen im August/Sep-tember und sind eßbar.

Standort/Verbreitung
Der Weißdorn bevorzugt tiefgründigen, nährstoffreichen, kalkhaltigen Boden und liebt nicht zu feuchte, trockene Plätze. In ganz Mitteleuropa verbreitet, ist er von der Ebene bis in mittlere Gebirgslagen anzutreffen; in den Alpen bis etwa 1000 m Höhe. Er steht besonders in Gebüschen, Hecken, an Waldrändern und in lichten Wäldern.

Sonstiges
Der Weißdornstrauch eignet sich gut als Feld- und Gartenhecke. Das Fruchtfleisch hat einen etwas faden Geschmack, läßt sich aber zu Wildfruchtkonfitüre verarbeiten. Rezepte siehe Seite 156. Aus den getrockneten Früchten und Blättern gewinnt man wirkungsvolle Herz-mittel. Sie helfen bei Herzschwäche, Kurzatmigkeit und erhöhtem Blutdruck.

Zweigriffliger Weißdorn   *Crataegus laevigata*

Er gehört, wie der Eingrifflige Weißdorn, zur Familie der Rosengewächse (Rosaceae).

Merkmale
Der Zweigrifflige Weißdorn läßt sich vom Eingriffligen leicht durch die Blattform unterscheiden. Seine etwas ledrigen Blätter sind rundlich-eiförmig und 3- bis 5fach gelappt, aber nur wenig eingekerbt. Oberseits sind sie glänzend dunkelgrün, unterseites matt-grün und färben sich im Herbst gelb-orange. Die Nebenblätter sind halbmondförmig und gezähnt. Die mit zahlreichen Dornen besetzten Zweige haben eine Rinde von gräulicher Farbe. In der Regel haben die Blüten 2 Griffel. Sie riechen unangenehm.

Blütezeit
Mai.

Frucht
Die Früchte reifen im September. Sie sind eiförmig-länglich, fast kugelig und von scharlachroter Farbe. Im Unterschied zum Eingriffligen Weißdorn haben sie 2 bis 3 Samenkerne. Die Früchte schmecken nicht besonders aromatisch – eher fade. Sie lassen sich aber – vermischt mit anderen Wildfrüchten – zu Konfitüre weiterverarbeiten. Rezepte siehe Seite 156.

Standort/Verbreitung
Der Zweigrifflige Weißdorn begegnet uns an lichten Waldrändern, in Gebüschen und Hekken. Wegen seiner dekorativen Blüten wird er häufig als Zierstrauch angepflanzt.

Sonstiges
Aus den getrockneten Früchten und Blättern des Weißdorns gewinnt man wirkungsvolle Herzmittel. Sie helfen bei Herzschwäche, Kurzatmigkeit und erhöhtem Blutdruck.

Vielblütige Weißwurz 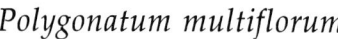 *Polygonatum multiflorum*

Die Vielblütige Weißwurz gehört, wie ihr naher Verwandter, die Wohlriechende Weißwurz, die auch als Salomonssiegel bekannt ist, zur Familie der Liliengewächse (Liliaceae).

Merkmale
Die Vielblütige Weißwurz wächst als mehrjährige, 30–60 cm hohe, krautige Pflanze mit sich überneigenden, runden Stengeln. An ihnen trägt sie zahlreiche, wechselständige, horizontal ausgebreitete, eiförmige Blätter. Sie sind 5–12 cm lang, oberseits dunkelgrün, unterseits grau-grün. In ihren Achseln entspringen langgestielte, herabhängende 2- bis 10gliedrige Blütentrauben mit weißlich-grünen, schmalglockigen Blüten. Diese Blüten werden ausschließlich von langrüsseligen Hummeln besucht und dabei bestäubt.

Blütezeit
Mai–Juni.

Frucht
Die kugeligen, etwa 1 cm breiten, zuerst grünen, im September ausgereift blau-schwarzen, leicht bereiften Beeren tragen im Innern mehre braune Samen. Sie haben einen widerlich-süßen Geschmack.

Standort/Verbreitung
Die kalkliebende Pflanze steht auf lockeren, humusreichen Lehmböden in schattigen Laub- und Mischwäldern, vor allem in Buchen- und Eichenwäldern. Die Weißwurz ist in fast ganz Europa verbreitet.

Sonstiges
Die Pflanze ist schwach giftig. Zum Verhalten siehe Seite 157. Sie ist auch eine alte Heilpflanze, die aufgrund ihrer Giftigkeit aber nur äußerlich bei Blutergüssen und Quetschungen angewendet wird. In gleicher Weise wird auch das oben erwähnte Salomonssiegel als Heilpflanze genutzt.

132

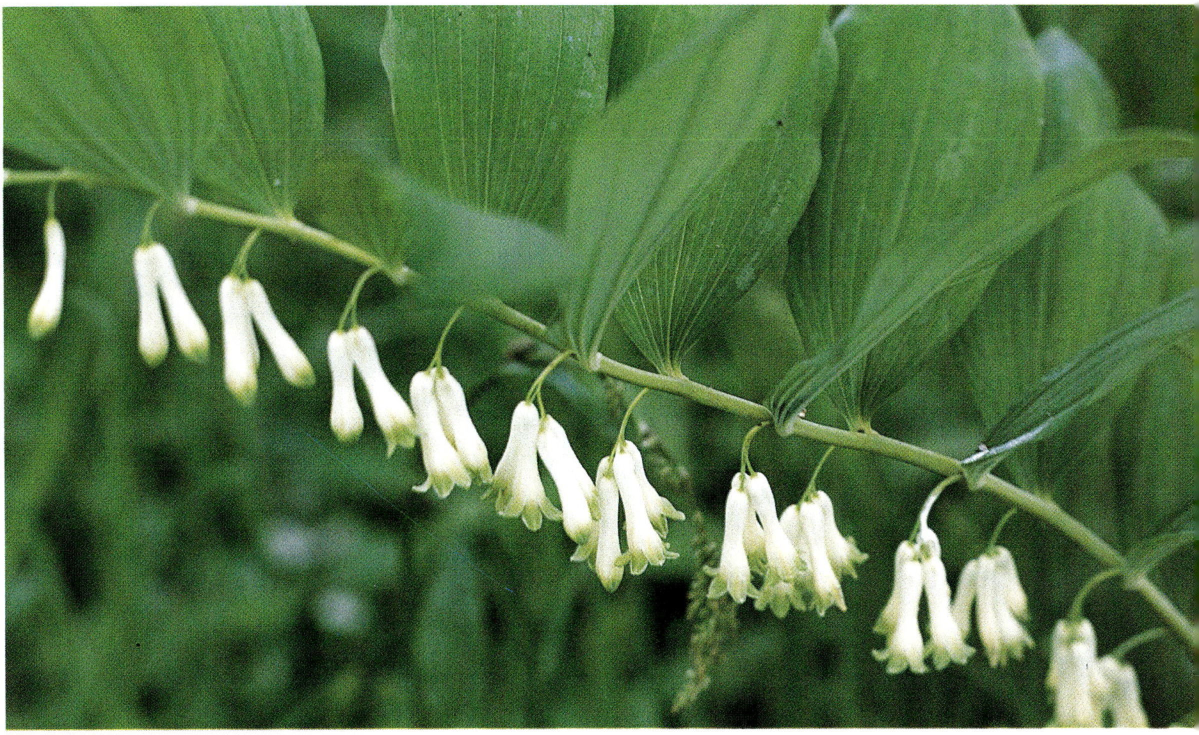

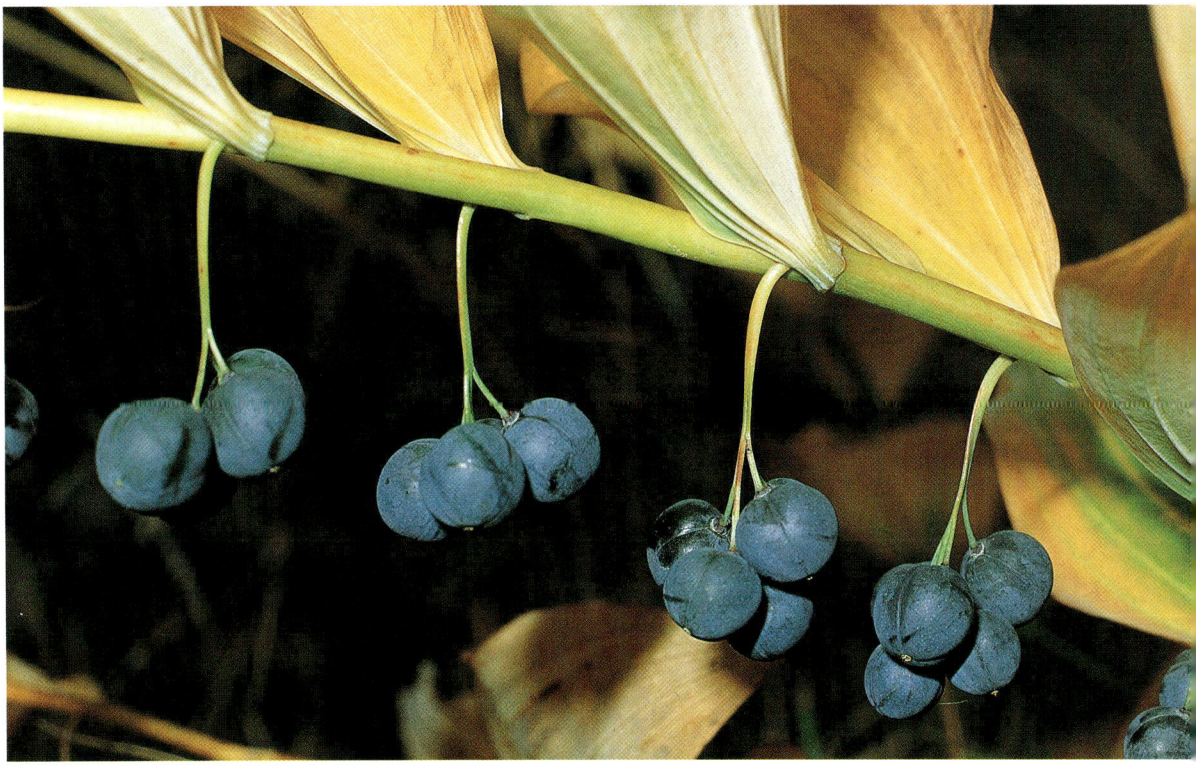

Rote Zaunrübe ☠

Bryonia dioica

Die Rote Zaunrübe gehört, wie die ihr nahe verwandte schwarzfrüchtige, nach ihrer Wurzelfarbe benannte Weiße Zaunrübe (Bryonia alba), zu den Kürbisgewächsen (Cucurbitaceae).

Merkmale
Aus einer dicken, bis zu 2 kg schweren, rübenförmigen, übelriechenden Wurzel entspringen mehrere verzweigte Stengel, die mit Hilfe von spiralförmigen Ranken 3–4 m hoch klettern können. Diese Ranken finden sich jeweils neben den dunkelgrünen Blättern. Diese sind wechselständig, fünflappig, im Umriß herzförmig, ober- und unterseits rauh behaart. Die Rote Zaunrübe ist, im Unterschied zur Weißen, zweihäusig. In blattachselständigen Trauben stehen nur gleichgeschlechtliche Blüten zusammen. Die männlichen Blüten sind lang-, die weiblichen kurzgestielt. Die trichterförmigen Kronen sind doppelt so lang wie der kleine Kelch und von blaß-gelber bis grünlich-weißer Farbe.

Blütezeit
Juni–Juli.

Frucht
Im August reifen die etwa 8 mm großen, runden, scharlachroten Beeren. Sie haben an der Spitze eine kleine Kelchnarbe; ein klebrig-schleimiges Fleisch umschließt 3–6 Samen. Die Beeren sind ungenießbar.

Standort/Verbreitung
Die mehrjährige, ausdauernde Pflanze liebt lockeren Kalkboden. Wir finden sie an Wegrändern und Hecken, in Gebüschen und Auwäldern. In Mittel- und Südeuropa verbreitet, kommt sie im Süden und Westen Deutschlands häufiger vor als im Norden.

Sonstiges
Die Rote Zaunrübe ist in allen Teilen sehr giftig. Der Saft der frischen Wurzel greift die Haut stark an. Der Genuß von Beeren führt zu Schwindel, Koliken und Durchfall. Zum Verhalten im Vergiftungsfall siehe Seite 157.
Die Zaunrübe ist aber auch eine alte Heilpflanze. Heute wird sie noch in der Homöopathie in der Behandlung von rheumatischen Beschwerden verwendet.

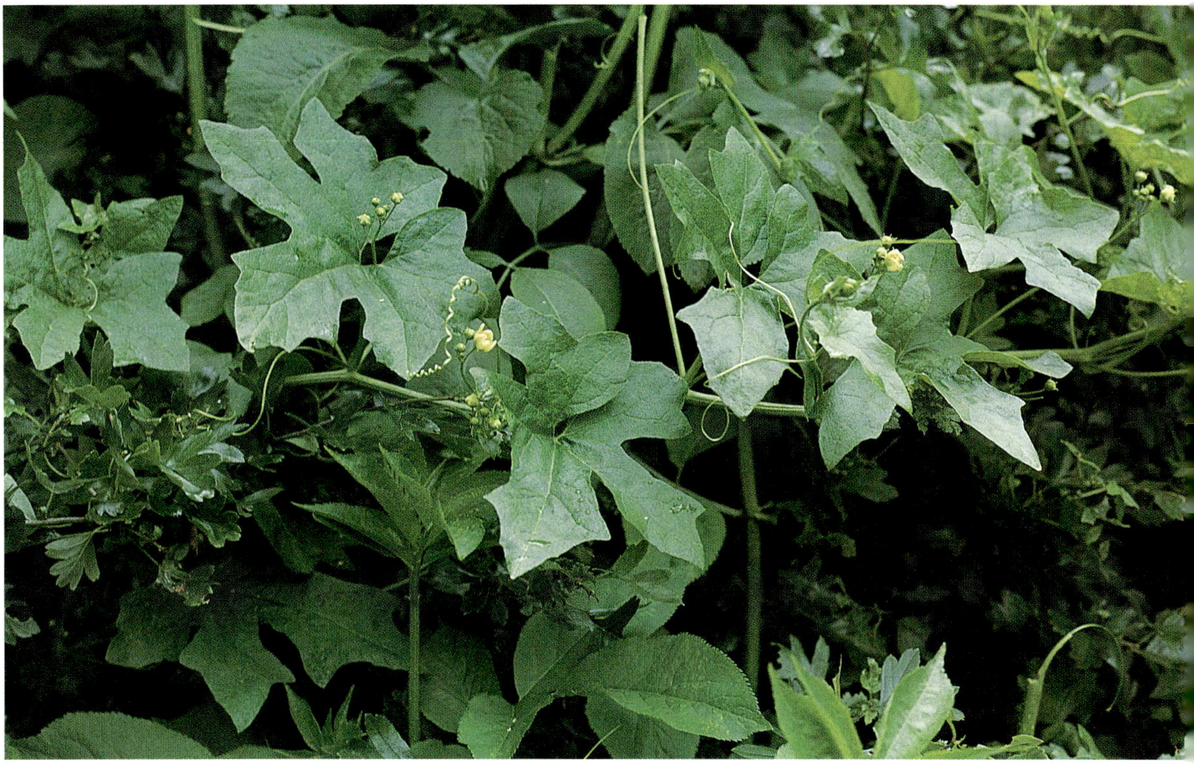

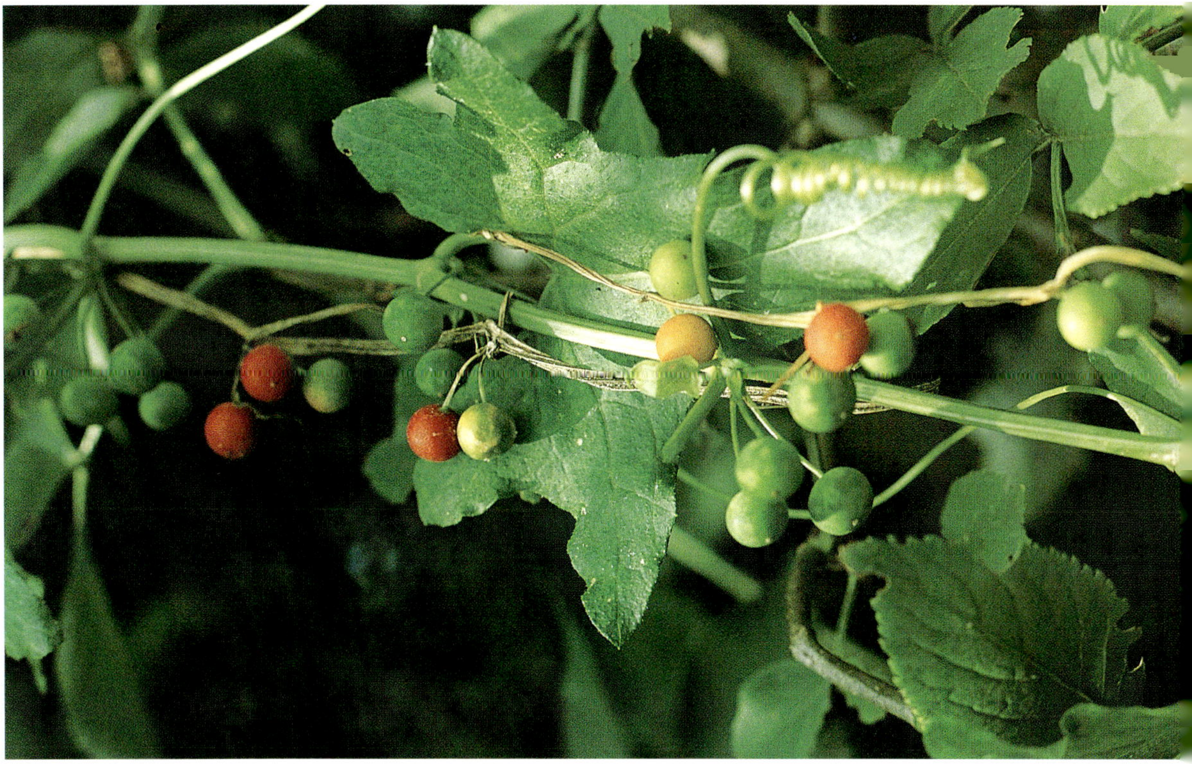

Zierapfel

Malus pumila

Der Zierapfel gehört zur Familie der Rosengewächse (Rosaceae).

Merkmale

Der Zierapfel wächst baum- oder bäumchenartig 10–15 m hoch. Er hat einen Stamm mit tief angesetzter, sparriger, unregelmäßiger Krone. Kurztriebe laufen in spitzen Endknospen aus. Die Rinde ist grau und schuppig. Die dunkelgrünen Blätter sind breit-eiförmig, kurz-zugespitzt und doppelt so lang wie ihr Stiel. Sie sind gekerbt-gesägt, oberseits etwas runzelig, unterseits meist filzig und fiedernervig. Die Blüten sind fünfblättrig, weiß, mit gelben Staubbeuteln, außen rötlich und stehen in kleinen Doldentrauben.

Blütezeit

Mai.

Frucht

Die Früchte reifen ab September. Sie sind 1,5 cm dick, erst mattgrün, später glänzend gelblich-rot. Am Stiel sind sie vertieft und oben mit 5 Kelchblättern gekrönt. Sie schmecken aromatisch süß-sauer.

Standort/Verbreitung

Aus Asien stammend, ist der anspruchslose Zierapfel in vielen Züchtungen verbreitet, selten aber wild vorkommend.

Sonstiges

Wegen seiner reichen Blütenpracht im Frühling und seiner rotbackigen Herbstfrüchte ist er ein geschätztes Ziergehölz. Darüber hinaus aber auch eine ergiebige Bienenweide und ein Futterlieferant für Vögel.

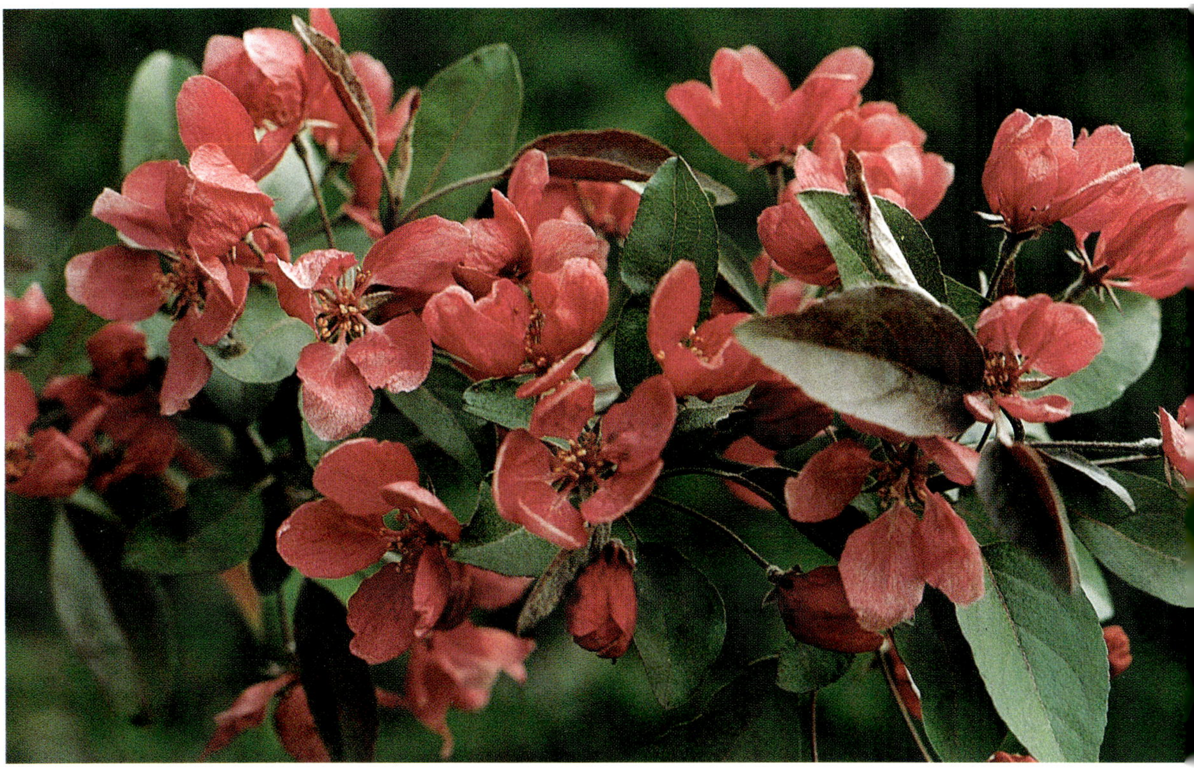

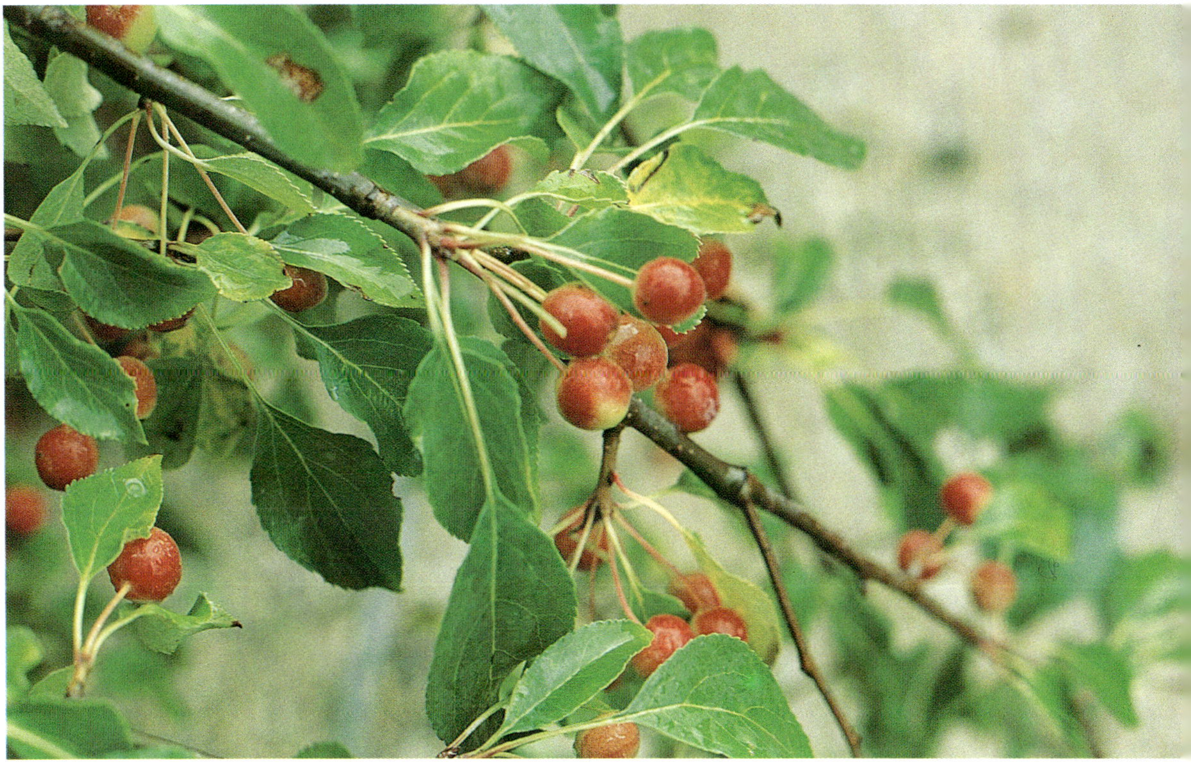

Rezepte

Brombeeren

Brombeerkompott

500 g Brombeeren
5 Eßl. Zucker
Saft von 1 Zitrone

Die Beeren mit $\frac{1}{8}$ Liter Wasser aufsetzen, zum Kochen bringen, von der Herdplatte nehmen, Zucker und Zitronensaft zugeben und umrühren. Schmeckt gut in Mischungen mit anderen Früchten, z. B. Äpfeln.

Brombeerschnee

8 Eiweiß
1 Prise Salz
400 g Zucker
2 Eßl. Kakaopulver
750 g Brombeeren
Saft von $\frac{1}{2}$ Zitrone

Das Eiweiß mit 1 Prise Salz zu Schnee schlagen, nach und nach Zucker zugeben. Die Hälfte des Schnees mit Kakaopulver verrühren und in eine feuerfeste, dünn mit Butter oder Feinmargarine ausgestrichene Glasschüssel füllen. Darauf abgetropfte Brombeeren schichten, mit Eischnee bedecken, der mit Zitronensaft abgeschmeckt wurde. In der Backröhre gold-gelb backen.

Brombeeren mit Quarksahne

500 g Brombeeren
2 Eßl. Likör von schwarzen Johannisbeeren
100 g Quark
2 Eßl. süße Sahne
Saft von $\frac{1}{2}$ Zitrone
1 Eßl. Zucker

Die Früchte mit Likör beträufeln. Aus Quark, Sahne, Zitronensaft und Zucker Quarksahne bereiten und mit den Früchten mischen.

Brombeergelee mit Whisky

1,5 kg Brombeeren
$\frac{3}{4}$ l Wasser
1 kg Gelierzucker
100 g Walnüsse
4 Eßl. Whisky

Die Brombeeren sauber verlesen, waschen und zerdrücken. Jetzt das Wasser zugeben und zu einem Fruchtmus zusammenkochen. Dieses Fruchtmus durch ein mit einem Seihtuch ausgelegten Durchschlag laufen lassen. Nun werden $\frac{3}{4}$ l Saft abgemessen. Diesen Saft mit dem Gelierzucker vermischen und zum Kochen bringen. Die Masse jetzt 4 Minuten sprudelnd kochen lassen. Die Walnüsse feinhacken und dem heißen Fruchtgelee zugeben. Jetzt auch den Whisky einträufeln. Das fertige Gelee in vorgespülte Gläser füllen und sofort verschließen. Da die Walnüsse gleichmäßig im Gelee verteilt sein sollen, die Gläser ab und zu auf den Kopf stellen.

Brombeersaft

3 kg Brombeeren
$1\frac{1}{2}$ l Wasser
2 kg Zucker

Die Beeren gut verlesen, waschen, in einen Kochtopf geben, zerquetschen und mit der vorgegebenen Menge Wasser zum Kochen bringen. Den Fruchtbrei durch ein Seihtuch

laufen lassen. Den Saft wiegen und im Verhältnis 1:1 mit dem Zucker verrühren. Saft und Zucker einmal richtig sprudelnd aufkochen lassen und abschäumen. Zum Schluß etwas Einmachhilfe in den fertigen Saft rühren und ihn heiß abfüllen. Natürlich kann der Brombeersaft auch mit einem Entsafter gewonnen werden.

Wildfruchtkonfitüre mit Brombeeren

500 g Brombeeren
500 g Walderdbeeren
500 g Waldstachelbeeren
3 Gewürznelken
1 kl. Stange Zimt
1 ungespritzte Zitrone
1,5 kg Gelierzucker

Alle Beeren gut verlesen und waschen. Die Früchte mit etwas Wasser, den Nelken, dem Zimt, dem Zitronensaft, der abgeriebenen Zitronenschale und dem Gelierzucker in einen Topf geben, sieden lassen und zum Schluß 5–6 Minuten sprudelnd kochen lassen. Die Fruchtmasse etwas stehen lassen, aber noch heiß in gut vorgespülte Gläser füllen.

Rote Grütze mit Brombeeren

200 g Brombeeren
200 g Walderdbeeren
200 g Heidelbeeren
250 g Zucker
50 g Speisestärke
1 l Wasser
200 g Schlagsahne
etwas Streuzucker

Die Beeren sauber verlesen und leicht waschen. Beeren mischen und mit etwas Wasser aufkochen und anschließend abtropfen lassen. 1 Liter Fruchtmasse leicht süßen und mit der angerührten Speisestärke kurz aufkochen. Die Masse in Glasschälchen füllen und kalt stellen. Damit sich keine Haut bil-

det, etwas Zucker aufstreuen. Je nach Wunsch die Rote Grütze mit Rahm oder Schlagsahne servieren.

Eberesche

Wildfruchtkonfitüre mit Ebereschenbeeren

500 g Walderdbeeren
500 g Waldstachelbeeren
500 g Preiselbeeren
250 g Ebereschenbeeren
3 Gewürznelken
1 kl. Stange Zimt
1 ungespritzte Zitrone
1,3 kg Gelierzucker

Beeren sauber verlesen und waschen. Die so vorbereiteten Früchte mit 3–4 Eßlöffeln Wasser, den Nelken, dem Zimt, dem Zitronensaft, der abgeriebenen Zitronenschale und dem Gelierzucker in einen Topf geben, gar sieden, anschließend 5–8 Minuten sprudelnd kochen lassen. Die Konfitüre heiß in gut vorgespülte Gläser füllen.

Ebereschensirup

2 kg Ebereschenbeeren
2 kg Zucker

Die Früchte sauber verlesen, waschen und nur eben mit Wasser bedeckt aufkochen lassen, bis die Beeren zerfallen. Diese Fruchtmasse durch ein Seihtuch laufen lassen. Der Saft wird im Verhältnis 1:1 mit Zucker eingekocht, bis er ölig wird. Den Sirup heiß in vorgespülte Flaschen abfüllen.

Ebereschen-Sportdrink

1 Glas Milch
1 Portionstöpfchen Honig
1/2 Glas Ebereschensirup
etwas Streuzucker

Die Milch mit dem Honig und etwas Zucker in einem Shaker unter Zugabe von Eiswürfeln gut durchschütteln. Jetzt den Ebereschensirup hinzugeben und erneut schütteln. Diese Mischung im Verhältnis 1:1 mit Mineralwasser aufgießen.

Ebereschengelee

1000 g Ebereschenbeeren
600 g Zucker

Die Ebereschenbeeren abstreifen, verlesen, waschen und mit 2 l Wasser etwa 30 Minuten langsam weich kochen. Die Fruchtmasse durch ein Seihtuch laufen lassen. Den Saft im Verhältnis 1:1 mit dem Zucker aufwiegen und zu Gelee fertig aufkochen. Um das Gelee etwas pikanter zu machen, nach Wunsch 1 Gläschen Gin oder Genever zugeben. Das fertige Gelee heiß in vorgespülte Gläser füllen.

Elsbeere

Wildkompott mit Elsbeeren

500 g Elsbeeren
500 g Hagebutten
500 g Äpfel
500 g Waldjohannisbeeren
1 kl. Stange Zimt
3 Gewürznelken
2 Eßlöffel Zitronensaft

Alle Beeren sauber verlesen und waschen. Die Äpfel schälen und schnitzeln. Die Wildfrüchte werden, mit Wasser gut bedeckt, weichgekocht, und je nach Bedarf etwas gesüßt. Während des Kochens den Zitronensaft, die Gewürznelken und den Zimt zugeben. Jetzt noch einmal sprudelnd aufkochen lassen. Nelken und Zimt herausnehmen und das Kompott etwas erkalten lassen. Soll es als feine, pikante Beilage für Wildgerichte

verwendet werden, nach dem Erkalten ein Gläschen Williams-Birnen-Schnaps zugeben.

Felsenbirne

Wildfruchtkonfitüre mit Früchten der Felsenbirne

500 g Walderdbeeren
250 g Früchte der Felsenbirne
250 g Preiselbeeren
300 g Waldstachelbeeren
4 Gewürznelken
1 kl. Stange Zimt
1 ungespritzte Zitrone
1,5 kg Gelierzucker

Alle Beeren verlesen und gründlich waschen. Die Früchte mit etwas Wasser, den Nelken, dem Zimt, dem Zitronensaft, mit der abgeriebenen Zitronenschale und dem Gelierzucker in einen Topf geben und 5–8 Minuten sprudelnd kochen lassen. Die Fruchtmasse etwas stehen lassen, aber noch heiß in gut gespülte Gläser füllen.

Hagebutten

Hagebuttentee

Die Hagebutten aufschneiden und die Kerne entfernen. Das Fruchtfleisch muß schnell getrocknet werden, damit es nicht schlecht wird. Am schnellsten geht es im Backofen bis 40 Grad. Nach der Trocknung können die Pflanzenteile in verschlossenen Behältern aufbewahrt werden. Den ganzen Winter über kann man dann einen Hagebuttentee zubereiten, der aufgrund der vielen Vitamine eine gute vorbeugende Wirkung gegen Erkältungen hat. Man setzt zwei gehäufte Teelöffel zerkleinerter, getrockneter

Hagebutten mit ¼ l Wasser zum Sieden auf und läßt sie dann 10 Minuten lang kochen. Anschließend wird der Tee abgesiebt und heiß getrunken.

Hagebuttenmus

Die Früchte mit einem scharfen Messer der Länge nach aufschneiden, von den Kernen befreien und sauber waschen. Anschließend in einen Steintopf geben, mit etwas Wasser auffüllen und im Keller kühl abstellen. Täglich umrühren. Nach 8–10 Tagen sind die Früchte weich genug, daß man sie durch ein Haarsieb streichen kann. Den Fruchtbrei in eine heiße Zuckerlösung (auf 1 l Fruchtbrei werden 1 kg Zucker mit 2 Tassen Wasser zu einer heißen Zuckerlösung zubereitet) einrühren. Das fertige Mus heiß in Gläser abfüllen.

Hagebuttenkonfitüre

1,5 kg Hagebutten
1 kg Zucker
½ Flasche Opekta
3 Eßlöffel Zitronensaft
3 Gewürznelken

Die Hagebutten hälften, entkernen, von den schwarzen Blütenkronen befreien und mit Wasser weich kochen. Die Fruchtmasse heiß durch ein Haarsieb streichen. Das gewonnene Fruchtmus im Verhältnis 2:1 mit Zucker mischen und erneut leicht aufkochen lassen. Jetzt werden der Zitronensaft, Gewürznelken und zuletzt Opekta zugegeben. Alles noch einmal aufkochen lassen und die fertige Konfitüre in Gläser füllen.

Hagebuttensoße

3 Eßl. Hagebuttenmark
1 Eßl. Speisestärke

Saft von ½ Zitrone oder 1 Messerspitze Senf
½ Teel. Zucker
Salz
nach Belieben etwas Rotwein

½ Liter Wasser erhitzen, die Speisestärke kalt anrühren und in das Wasser geben, aufkochen lassen, das Hagebuttenmark zugeben, verrühren und mit Zitronensaft oder Senf, Zucker und Salz, auch etwas Rotwein abschmecken. – Diese Soße schmeckt gut zu Wild und Kaninchenbraten, paßt aber auch zu Pilzgerichten.

Hagebuttenkaltschale

200 g Hagebuttenmark
1 l Wasser oder halb Wasser, halb Apfelsaft bzw. Weißwein
1 Eßl. Speisestärke
Zitronensaft
3 Eßl. Zucker
1 Prise Salz

Das Wasser zum Sieden bringen, die kalt angerührte Speisestärke dazugeben, aufkochen lassen, das Hagebuttenmark zufügen und gut verrühren. Mit Zitronensaft, Zucker und etwas Salz abschmecken. Kalt stellen und kühl servieren. Hagebuttenkaltschale kann auch mit Milch zubereitet und dann über gedünstete Äpfel oder Birnen gegeben werden.

Hagebuttenheißgetränk

¾ l Hagebuttentee
¼ l Rotwein
Saft von einer Zitrone
3 Eßl. Zucker
nach Belieben 4 Nelken
1 kl. Stange Zimt

Einen kräftigen Hagebuttentee bereiten, mit Rotwein mischen, Zitronensaft und Zucker zugeben. Stark erhitzen und heiß servieren. Mit Nelken und Stangenzimt schmeckt dieses Heißgetränk würziger, der feine Hagebuttengeschmack wird jedoch teilweise überlagert.

Hagebuttenlikör

500 g Hagebutten
125 g Kandis
1 Flasche Kirschwasser

Die Hagebutten der Hundsrose verlesen und waschen. Die Früchte halbieren und die Kerne entfernen. Jetzt die Hagebutten leicht andrücken. Die Fruchtmasse in ein Glasgefäß geben, den Kandis und das Kirschwaser dazugeben. Das Glas verschließen und bei Zimmertemperatur zwei Wochen ziehenlassen.
Nun den Auszug durch ein Seihtuch laufen lassen und abfüllen. Den so entstandenen Likör in kleinere Flaschen füllen, verschließen und fünf Monate ruhen lassen. Kenner geben vor dem Verschließen noch in jede Flasche 1 bis 2 frische Hagebutten.
Man sollte immer die Hagebutten der Hundsrose und nicht die Hagebutten der Runzelrose (vgl. Seite 92) nehmen, da das Aroma intensiver ist.

Hagebuttendessertwein

3500 g frostweiche Hagebutten
1600 g Zucker
Reinzuchthefe

Die Hagebutten mit einem Nudelholz oder Stampfer zerdrücken, 2 Liter kochendes Wasser aufgießen und nach dem Abkühlen auf 25 Grad die Reinzuchthefe zusetzen. Die Maische etwa 2 Tage gären lassen, dann Saft abziehen und Bodensatz abpressen. Den Saft (2 l) in einen Gärballon füllen. 600 g Zucker in etwas Saft auflösen und ebenfalls in den Gärballon geben. In einem nicht zu warmen Raum gären lassen. Beim Nachlassen der Gärung 500 g Zucker in ¼ Liter Wasser lösen, hinzufügen und dasselbe noch einmal wiederholen. Nach beendeter Gärung den Wein umstechen, nachsüßen, auf Flaschen füllen, pasteurisieren (auf etwa 85 Grad erhitzen) und auf dem Lager gut ausreifen lassen.

Heidelbeeren

Heidelbeerkompott

600 g Heidelbeeren
4 Eßl. Zucker
etwas Zimt

Die Beeren in ⅛ Liter Wasser erwärmen, den Zucker zugeben und kurz aufkochen lassen. Nach Belieben mit Zimt würzen.

Heidelbeereierkuchen

½ l Milch
6 Eier
200 g Mehl
1 Prise Salz
nach Belieben etwas Zucker
Speiseöl
300 g Heidelbeeren
60 g Zucker

Die Zutaten für den Eierkuchenteig gut verquirlen. In einer Pfanne Speiseöl erhitzen, 1 Kelle Eierkuchenteig hineingeben und von einer Seite backen. Auf die noch flüssige Oberseite gezuckerte Beeren geben und etwas Teig nachfüllen. Wenn die Unterseite gold-gelb gebacken ist, wenden und von der anderen Seite backen.

Heidelbeersaft

2 kg verlesene und gewaschene Beeren werden mit 1 l Wasser zum Kochen gebracht.

Wenn die Früchte geplatzt sind, die kochende Masse etwa ½ Stunde stehen lassen und anschließend durch ein Seihtuch laufen lassen. Den Saft mit 150 g Zucker versetzen, 2–3 Minuten kochen lassen und heiß in Flaschen füllen.

Heidelbeerkaltschale

500 g Heidelbeeren
50 g Sago
Saft von 2 Zitronen
3 Eßl. Zucker
2 Glas Weißwein

Den Sago kalt quellen lassen, dann in knapp Liter Wasser kochen, bis er glasig ist. Zitronensaft hinzufügen und süßen. Die Beeren dazugeben, Wein auffüllen und kühl servieren.

Heidelbeerkuchen – siehe Preiselbeerkuchen (Rezept Seite 150)

Heidelbeersuppe mit Mandelklößchen

500 g Heidelbeeren
60 g Zucker
1 Stange Zimt
1 Stück Zitronenschale
1 Eßl. Speisestärke
¹/₈ l Milch
20 g Margarine
20 g süße Mandeln
50 g Mehl
1 Teel. Zucker
1 Eigelb

Die Beeren mit Zucker, Zimt und Zitronenschale in etwas Wasser kurz aufkochen und durch ein Sieb streichen. Knapp 1 Liter Wasser zugeben, zum Kochen bringen und mit kalt angerührter Stärke binden. Aufkochen lassen. Für die Klößchen Milch und Margarine aufkochen, abgezogene, geriebene Mandeln und Mehl hineingeben, erhitzen, bis sich der Teig vom Topfrand löst. Abkühlen lassen, Zucker und Eigelb unterrühren. Mit einem Teelöffel kleine Klößchen abstechen und 2 bis 3 Minuten in der Suppe gar ziehen lassen.

Blaubeereis

1 kg Blaubeeren
3 Eßlöffel Zucker
200 g Schlagsahne

Die Blaubeeren verlesen, waschen, abtropfen lassen und in einem Topf, knapp mit Wasser bedeckt, weichkochen. Die Fruchtmasse durch ein Sieb streichen, leicht zuckern und kühl stellen.
Die Fruchtmasse nochmals etwas süßen und mit der vorher geschlagenen Sahne vermischen und dann gefrieren. Blaubeereis wird häufig mit Vanillesoße serviert.

Heidelbeerkonfitüre

1 kg Heidelbeeren
3 Eßl. Wasser
1 Gewürznelke
1 kg Gelierzucker

Heidelbeeren sauber verlesen, waschen und abtropfen lassen. Die Beeren mit 3 Eßlöffel Wasser, Nelke und Gelierzucker in einen Topf geben, vermengen und 5–8 Minuten sprudelnd kochen lassen. Nach der Gelierprobe die fertige Konfitüre heiß in Gläser füllen.

Heidelbeerglühwein

1 l Heidelbeersaft
3–4 Gewürznelken
1 Stange Zimt
etwas Zitronensaft

Alle Zutaten mit etwas Wasser in einen Topf geben, zum Sieden bringen und 15 Minuten sieden lassen. Das Glühweinglas zu Dreiviertel füllen und (je nach Bedarf) einen kräftigen Schuß Rum zugeben.

Heidelbeergelee

1 l Heidelbeersaft (wie oben beschrieben)
1 kg Zucker

Den Saft unter ständigem Rühren langsam erhitzen, er darf erst kochen, wenn der Zucker vollständig gelöst ist. Jetzt den Schaum abschöpfen, damit das Gelee klar bleibt. Kochzeit anschließend 10 Minuten. Danach die Gläser füllen, erkalten lassen, mit Pergamentpapier (vorher durch Essig ziehen!) belegen und anschließend zubinden.

Schwarzer Holunder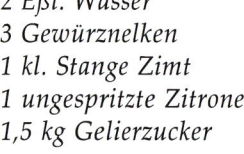

Weißer Holunderblütensirup

15–20 Dolden in 2 l Wasser aufkochen. 2 kg Zucker und 40 g Zitronensäure hinzugeben und wieder sprudelnd kochen lassen. Jetzt 1–2 Tage ziehen lassen, öfter umrühren und heiß in Flaschen füllen.

Gebackene Holunderblüten

Für liebe Gäste, denen man im Frühsommer etwa ganz Besonderes servieren will:
Die blühenden, weißen Dolden vom Strauch pflücken. Aus 200 g Mehl, 3 Eiern, etwas Backfett, einer Prise Salz und ½ l Dunkelbier einen zähen Pfannkuchenteig rühren. Öl in einem Topf erhitzen. Wenn das Öl heiß ist, die Blütendolden in den Teig tauchen und in das Öl geben, aber nicht mehr als zwei Blütendolden auf einmal, und goldgelb backen lassen. Die gebackenen Dolden mit einem Schaumlöffel herausnehmen, auf einen flachen Teller legen und mit Puderzucker überstreuen.

Holunder-Apfel-Konfitüre

1 kg verlesene Holunderbeeren
600 g Äpfel

2 Eßl. Wasser
3 Gewürznelken
1 kl. Stange Zimt
1 ungespritzte Zitrone
1,5 kg Gelierzucker

Holunderbeeren verlesen und waschen. Äpfel schälen und in kleine Würfel schneiden. Die Früchte mit Wasser, Nelken, Zimt, Zitronensaft, der abgeriebenen Zitronenschale und dem Gelierzucker in einen Topf geben und 5–8 Minuten sprudelnd kochen lassen. Gelierprobe machen. Heiß in Gläser füllen.

Holundersuppe

500 g Holunderbeeren
Schale von ½ Zitrone
1 l Wasser
40 g Zucker
30 g Speisestärke
etwas Milch
Zitronensaft
2 reife Birnen
2 Eiweiß

Die vorbereiteten Beeren mit der Zitronenschale in Wasser ankochen und später 30 Minuten kochen lassen. Nun die Fruchtmasse durch ein Sieb streichen und den Zucker unterrühren. Jetzt die Speisestärke mit Milch anrühren und die Suppe damit binden. Mit Zitronensaft und Zucker abschmecken. Die Birnen in dünne Spalten schneiden und in die Suppe geben. Eiweiß steif schlagen; mit zwei Teelöffeln kleine Klößchen davon abstechen, in die Suppe geben und 3–5 Minuten gar ziehen lassen.

Holundersaft

2 kg gewaschene Beeren mit der Schale einer ungespritzten Zitrone mit ¾ l Wasser zum Kochen aufsetzen. Wenn die Beeren geplatzt sind, die kochende Masse eine halbe

Stunde stehen und anschließend durch ein Seihtuch laufen lassen. Den Saft mit 200 g Zucker versetzen, 2–3 Minuten kochen lassen und heiß in Flaschen füllen. Flaschen sofort verschließen. Natürlich kann man Holundersaft auch mit einem Entsafter gewinnen.

Holunderpunsch

³/₄ l ungesüßter Holundersaft
4 Nelken
etwas Zimt
4 Eßl. Zucker
Saft von 1 Zitrone
¹/₄ l Rotwein

Den Holundersaft mit ¼ Liter Wasser erhitzen. Nelken und Zimt zugeben und kurz durchkochen. Den Zucker auflösen, Zitronensaft zugeben, Rotwein hinzufügen und noch einmal stark erhitzen, aber nicht mehr kochen lassen. Heiß servieren.

Holunderspeise mit Äpfeln

500 g Holunderbeeren
1 Stück Zitronenschale
5 große Äpfel
2¹/₂ Eßl. Kartoffelmehl
4 Eßl. Zucker
Saft von ¹/₂ Zitrone

In reichlich (1 Liter) Wasser die Holunderbeeren mit Zitronenschale weichkochen und durch ein Haarsieb rühren. Die Äpfel schälen, in Stücke schneiden und kurz in Holundersaft kochen. In kaltem Wasser angerührtes Kartoffelmehl zugeben, aufwallen lassen, süßen und mit Zitronensaft abschmecken. In einer Schüssel kalt werden lassen und nach Belieben mit Eischnee verzieren.

Holunderlikör

350 g Holunderbeeren
¹/₂ Flasche Korn oder Weinbrand
2 Nelken
1 Stange Zimt
150 g Zucker

Die Beeren leicht zerdrücken, mit Alkohol in eine große Flasche füllen, Nelken und Zimt zugeben und 2 Wochen ziehen lassen. Den Zucker in ¹/₈ Liter Wasser auflösen, aufkochen, abkühlen lassen und zur Beerenmasse geben. Alles filtrieren, in Flaschen füllen und nochmals einige Wochen sich entwickeln lassen.

Holundergrog

¹/₂ l Holundersaft
1 Eßl. Zucker
¹/₄ l Korn

Den Zucker im Saft auflösen, erhitzen und Alkohol zugeben.

Roter Holunder

Traubenholundersaft

1000 g Holunderbeeren
1 ungespritzte Zitrone
250 g Zucker

Die verlesenen, gewaschenen Beeren mit der Schale einer ungespritzten Zitrone mit ¾ l Wasser zum Kochen aufsetzen. Sobald die Früchte geplatzt sind, die kochende Fruchtmasse 30 Minuten ziehen lassen. Die etwas abgekühlte Masse durch ein Seihtuch laufen lassen. Den Saft mit 250 g Zucker versetzen, 2–3 Minuten aufkochen und anschließend heiß in Flaschen füllen, die sofort verschlossen werden müssen.

Traubenholundergelee

1 l Traubenholundersaft
(wie oben beschrieben)
1 kg Gelierzucker

Zunächst den Holundersaft leicht sieden lassen. Wenn sich ein leichter Ölfilm bildet, muß er sorfältig entfernt werden. Gelierzucker zugeben und die Fruchtmasse unter ständigem Rühren zum Kochen bringen. Das fertige Gelee heiß in Gläser füllen.

Traubenholunder-Birnen-Kompott

1 l roter Holundersaft
500 g Birnen
2 Nelken
¹/₂ Stange Zimt

Die Birnen schälen, entkernen und achteln. Speckbirnen eignen sich besonders gut für dieses Kompott. Diese mit dem Holundersaft, etwas Zucker und den Gewürzen weichkochen, dann die Gewürze herausnehmen. Kompott kaltstellen und mit Vanilesoße servieren.

Kornelkirschen

Kornelkirschensaft

2,5 kg Kornelkirschen
2 l Wasser
200 g Zucker

Die gewaschenen Früchte mit 2 l Wasser zum Kochen aufsetzen. Wenn sie geplatzt sind, die kochende Fruchtmasse 1 Stunde stehen lassen. Anschließend die Masse durch ein Seihtuch laufen lassen. Den Saft mit 200 g Zucker versetzen. 4–5 Minuten kochen lassen und anschließend heiß in Flaschen füllen.

Wildbeerkonfitüre mit Kornelkirschen

500 g Preiselbeeren
500 g Kornelkirschen
500 g Waldstachelbeeren
4 Gewürznelken
1 kl. Stange Zimt
1 ungespritzte Zitrone
1,5 kg Gelierzucker

Alle Beerensorten verlesen und waschen. Die Früchte mit 3–5 Eßlöffel Wasser, Nelken, Zimt, dem Zitronensaft, der abgeriebenen Zitronenschale und mit dem Gelierzucker in einen Topf geben und 5–8 Minuten sprudelnd kochen lassen. Die fertige Wildbeerenkonfitüre heiß in Gläser füllen.

Kornelkirschen-Konfitüre

1 kg Kornelkirschen
250 g Zucker
1 Päckchen Vanillezucker

Die voll ausgereiften Kornelkirschen roh durch ein Sieb streichen. Das so gewonnene Kornelkirschenmark mit dem Zucker unter ständigem Rühren aufkochen. Jetzt den Vanillezucker zugeben. Die Fruchtmasse heiß in Gläser füllen.

Kornelkirschen-Pfirsich-Konfitüre

500 g Kornelkirschen
3 große Pfirsiche
500 g Gelierzucker

Die Kornelkirschen sauber verlesen, waschen und, knapp mit Wasser bedeckt, garkochen. Jetzt Wasser abgießen und die Früchte durch ein Sieb streichen. Die Pfirsiche leicht brühen, häuten, vom Stein lösen und in kleine Stücke schneiden. Jetzt das Kornelkirschenmark und die Pfirsichstückchen mit dem Gelierzucker in einen Topf ge-

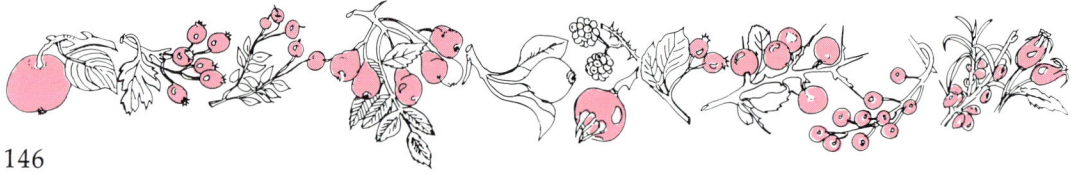

ben und 5 Minuten sprudelnd kochen lassen. Die heiße Fruchtmasse in Gläser abfüllen und sofort verschließen.

Kandierte Kornelkirschen

500 g Kornelkirschen
650 g Zucker
Puderzucker

In ¼ l Wasser 300 g Zucker lösen und die Früchte darin kochen. In der Lösung abkühlen und 1 Tag stehenlassen. Nach dem Abtropfen die Flüssigkeit wieder aufkochen. 100 g Zucker zusetzen und heiß über die Früchte gießen. Dieses täglich wiederholen, bis der Zucker verbraucht ist und die Lösung dick bleibt. In dieser letzten Zuckerlösung die Früchte einige Tage liegenlassen. Das Ganze erwärmen, Zuckerlösung abtropfen und die Früchte gut trocknen lassen, auf dem Kachelofen oder auch in der Backröhre bei höchstens 45 Grad. Die getrockneten Früchte in Puderzucker wälzen und in Schraubgläsern aufbewahren. – Die Kirschen sind wegen der großen Kerne nur zum Naschen geeignet.

Maulbeeren

Maulbeersaft

1½ kg Maulbeeren
200 g Zucker

Die Maulbeeren sauber verlesen, waschen und sie, leicht gesüßt, mit Wasser bedeckt, weich kochen. Wenn alle Beeren geplatzt sind, die Fruchtmasse durch ein Seihtuch laufen lassen. Den Saft nachsüßen und nochmals kurz aufkochen. Anschließend heiß in Flaschen abfüllen.
Oft wird der Maulbeersaft mit dem Saft von schwarzen Johannisbeeren im Verhältnis 3:1 vermischt.

Maulbeergelee

2 l Maulbeersaft
1 l schwarzer Johannisbeersaft
2½ kg Gelierzucker

Die beiden Säfte mischen und mit dem Gelierzucker unter ständigem Rühren kochen. Nach dem Kochen die Fruchtmasse etwas erkalten lassen, aber noch heiß in Gläser abfüllen.

Mehlbeeren

Mehlbeersaft

2 kg Mehlbeeren
500 g Zucker

Die Mehlbeeren sauber verlesen, waschen und die Früchte in einem großen Topf, mit Wasser bedeckt, weichkochen. Sind alle Beeren geplatzt, die Fruchtmasse durch ein Seihtuch gießen. Dem Saft Zucker zugeben, ganz kurz nochmals aufkochen und heiß in Flaschen abfüllen.

Mehlbeergelee

1 l Mehlbeersaft
1 l Waldjohannisbeersaft
1 l Walderdbeersaft
3 kg Zucker
4 Eßlöffel Zitronensaft

Die drei Säfte mischen und kochen. Nun den Zucker und den Zitronensaft zugeben und die Masse unter ständigem Rühren nochmals kochen lassen. Da der Mehlbeersaft einen hohen Pektingehalt hat, wird die Fruchtmasse schnell steif. Das fertige Gelee heiß in Gläser füllen.

Mispel

Mispelkompott

1 kg Mispeln
40 g Speisestärke
200 g Butter
100 g Zucker

Die Mispeln säubern (Blütenkrone abschneiden, entkernen) und in einer Pfanne leicht in geschmolzener Butter schmoren. Das heiße Gut leicht eindicken und abkühlen lassen. Mispelkompott serviert man lauwarm, mit Zucker bestreut.

Mispelkonfitüre

3 kg Mispeln
2 kg Zucker
1 Flasche Opekta
3 Eßlöffel Zitronensaft

Die Mispeln säubern, waschen und, knapp mit Wasser bedeckt, in einem großen Topf weich kochen. Die Fruchtmasse durch ein Sieb streichen. Dem Fruchtbrei Zucker und Zitronensaft zugeben und alles kurz sprudelnd aufkochen lassen. Nun Opekta zugeben, nochmals kurz aufkochen lassen und die fertige Konfitüre in Gläser abfüllen.

Moosbeeren

Moosbeerkompott

500 g Moosbeeren
250 g Streuzucker
2 Eßl. Zitronensaft

Die gut ausgereiften Moosbeeren sauber verlesen und waschen. Die Früchte und den Zucker nun mischen und gar kochen. Zum Abschluß den Zitronensaft zugeben. Soll das Kompott pikant werden, mit Weinbrand abschmecken. Das fertige Kompott sollte kalt serviert werden.

Moosbeerkonfitüre

1 kg Moosbeeren
1 kg Gelierzucker

Die sorgfältig verlesenen Moosbeeren waschen und leicht antrocknen (abtropfen lassen). Nun die Früchte zerdrücken und mit dem Gelierzucker vermischen. Diese Fruchtmasse unter ständigem Rühren zum Kochen bringen. Nach 4 Minuten die fertige Konfitüre in gut vorgespülte Gläser abfüllen und sofort verschließen.

Preiselbeeren

Preiselbeerkompott

1 kg Preiselbeeren
500 g Zucker
3–4 Birnen

Die Preiselbeeren gut verlesen und gründlich waschen. Die Früchte mit Zucker versetzen und in einem Topf zum Kochen bringen. Nur kurz kochen, denn die Beeren dürfen nicht verkochen! Mit einem Schaumlöffel die Früchte herausheben und in Gläser füllen. Den übriggebliebenen Saft etwas verkochen lassen und anschließend über die Wildfrüchte geben. Wer es weniger herb mag, sollte einige Birnenstückchen mitkochen und mit in die Gläser geben. Dieses wohlschmeckende Kompott wird gerne zu Wildgerichten gereicht.

Wildbeerkonfitüre mit Preiselbeeren

500 g Preiselbeeren
500 g Walderdbeeren
500 g Brombeeren
3 Gewürznelken
1 kl. Stange Zimt
1 ungespritzte Zitrone
1,5 kg Gelierzucker

Alle Beerensorten gut verlesen und gründlich waschen. Die Früchte mit 4 Eßlöffel Wasser, den Nelken, dem Zimt, dem Zitronensaft, der abgeriebenen Zitronenschale und dem Gelierzucker in einen Topf geben und 5–8 Minuten sprudelnd kochen lassen. Nach der Gelierprobe die heiße Fruchtmasse in Gläser füllen und sofort verschließen.

Preiselbeersoße

3 Eßl. eingemachte Preiselbeeren
$^3/_8$ l Wasser
1 Messerspitze Zimt
1 Zitronenschale
Zucker nach Geschmack
15 g Speisestärke
$^1/_8$ l Rotwein

Die Preiselbeeren mit Wasser und den Gewürzen aufkochen, mit Zucker abschmecken und mit der angerührten Speisestärke binden. Jetzt den Rotwein zugeben und die Soße passieren. Die Soße eignet sich u. a. für Aufläufe.

Preiselbeercreme

250 g Preiselbeerkompott
50 g Zucker
$^1/_4$ l Rotwein
5 Blatt weiße Gelatine
3 Eßlöffel Wasser
$^1/_4$ l Sahne

Das Preiselbeerkompott durch ein Sieb passieren und mit dem Zucker und dem Rotwein verrühren. Die eingeweichte, ausgedrückte Gelatine in der angegebenen Menge Wasser auflösen und zu der Preiselbeerflüssigkeit geben. Jetzt die Fruchtmasse kalt stellen und $^2/_3$ der geschlagenen Sahne unterziehen. Die Masse jetzt in Schälchen füllen, abkühlen lassen, mit dem Rest der Sahne garnieren und anschließend servieren.

Preiselbeerschaum

3 Eiweiß
etwas Zucker
1 Tasse Preiselbeerkompott

Zunächst das Eiweiß steif schlagen. Etwas Zucker und die Preiselbeeren zugeben und kräftig verrühren. Die Fruchtmasse in Eisschalen füllen und vor dem Servieren mit kleinen Makrönchen verzieren.

Preiselbeeren mit Rotwein

1 kg Preiselbeeren
500 g Zucker
$^1/_8$ l Rotwein
1 kl. Stange Zimt
3 Gewürznelken

Die Preiselbeeren gut verlesen, waschen und abtropfen lassen. Den Rotwein mit Zucker vermischen, die Gewürze zugeben und aufkochen. Die Preiselbeeren zugeben und so lange kochen, bis sie weich sind. Jetzt die Beeren aus dem Saft nehmen. Den Saft einkochen und die Früchte wieder zugeben. Die so erhaltene Fruchtmasse in Gläser füllen und sofort verschließen.

Preiselbeeren in Weinbrand

500 g Preiselbeeren
500 g Zucker
Weinbrand

Die Preiselbeeren sauber verlesen, waschen und abtropfen lassen. Jetzt den Zucker mit 150 g Wasser zum Kochen bringen. Ist der Zucker vollständig gelöst, die Preiselbeeren zugeben und erkalten lassen. Die süße Fruchtmasse in Gläser geben und mit Weinbrand bedecken. Jetzt die Gläser verschließen.

Preiselbeerkuchen

500 g Mehl
1 Tütchen Backpulver
120 g Butter
100 g Zucker
2 Eier
1 Prise Salz
knapp ¹/₈ l Milch
2 Eßl. Semmelbrösel
1,5 kg Preiselbeerkompott

Einen Teil des Mehls mit Backpulver mischen. 100 g Butter schaumig rühren, nach und nach Zucker, Eier, Salz und abwechselnd Milch und Mehl zugeben, einen Teig kneten, ausrollen, auf das gefettete Blech legen und die Ränder gut andrücken. Mit der restlichen zerlassenen Butter bestreichen, mit Semmelbröseln bestreuen und dick Preiselbeerkompott auftragen. Bei starker Mittelhitze 30 bis 45 Minuten backen. Den Kuchen nach Belieben mit Zucker, Streuseln oder einer Decke versehen. Anstelle von Backpulverteig kann auch Hefeteig verwendet werden. Die Preiselbeeren können durch frische Heidelbeeren ersetzt werden.

Runzelrose

Hagebuttenkompott

Nicht zu reife Hagebutten der Runzelrose verwenden. Die Stiele und die Blütenkronen säuberlich abschneiden und vorsichtig die Kerne entfernen. Die Früchte müssen ganz bleiben. Jetzt waschen und abtropfen lassen. Eine sehr süße Zuckerlösung bereiten, diese in einen Kochtopf geben, die Lösung kochen lassen und anschließend immer nur so viel Hagebutten in die Zuckerlösung geben, bis der Boden bedeckt ist. Nach 5–8 Minuten Kochzeit die Früchte mit einem Schaumlöffel herausnehmen, abtropfen lassen. Genau

so weiter verfahren, bis alle rohen Früchte gekocht sind. Nun werden die Früchte in Gläser gefüllt. Einen Schuß Essig in die Zuckerlösung geben, zu Sirup einkochen und heiß über die Früchte gießen.

Hagebutten-Quitten-Konfitüre

1,5 kg Hagebutten (von der Runzelrose)
1 kg Quitten
2 kg Zucker

Die Hagebutten längs halbieren, sorgfältig von den Kernen befreien, waschen und in 1 l Wasser weich kochen. Diese Fruchtmasse pürieren. Die Quitten putzen, säubern und in kleine Stücke schneiden. Diese Stücke werden in gut ¼ l des Hagebuttenwassers weich gedünstet und durch ein Haarsieb gestrichen. Beide Fruchtteile zusammenmischen. Die Masse wiegen und im Verhältnis 1:1 mit dem Zucker vermischen. Unter ständigem Rühren die Fruchtmasse jetzt zum Kochen bringen und 4 Minuten sprudelnd kochen lassen. Die fertige Konfitüre heiß in Gläser abfüllen.

Sanddorn

Sanddornsaft

3 kg Sanddornbeeren
150 g Zucker

Die Früchte sauber verlesen und waschen. Mit 1½ l Wasser zum Kochen aufsetzen. Um den hohen Vitamin-C-Gehalt zu erhalten, darf die Masse aber nur sieden. Wenn alle Wildfrüchte geplatzt sind, den Sud 2 Stunden stehen und dann durch ein Seihtuch laufen lassen. Den Saft mit dem Zucker 2–3 Minuten aufkochen lassen und sofort heiß in Flaschen füllen und diese sofort verschließen.

Sanddorngelee

1 l Sanddornsaft
1 kg Zucker
1 Flasche Opekta

Den Sanddornsaft mit Zucker vermengen und in einem Topf zum Sieden bringen. Nun die angegebene Menge Opekta zugeben. Die ganze Masse kräftig aufkochen lassen und das fertige Gelee heiß in Gläser füllen.

Sanddorncreme

4 Eigelb
100 g Zucker
150 g saure Sahne
¹/₄ l ungesüßter Sanddornsaft
¹/₈ l Aprikosensaft
6 Blatt weiße Gelatine
4 Eiweiß
125 g süße Sahne

Zunächst Eigelb mit dem Zucker schaumig schlagen. Danach die Sahne, den Sanddorn- und den Aprikosensaft zufügen. Die Gelatine auflösen und unterrühren. Alles nun kühl stellen, bis die Masse fest zu werden beginnt.
Jetzt Eiweiß und Sahne getrennt steif schlagen. Je die Hälfte vorsichtig unter die Crememasse ziehen. Von der anderen Hälfte kleine weiße Hütchen formen und die Sanddorncreme damit verzieren.

Schlehen

Schlehensaft

2 kg Schlehen
450 g Zucker

Die gewaschenen Früchte in ein emailliertes Gefäß füllen und mit 3 Liter kochendem Wasser übergießen. Einen Tag ziehen lassen. Den Saft abgießen, wieder zum Sieden brin-

gen, ein zweites Mal über die Schlehen gießen und wieder über Nacht ziehen lassen. Dieses noch ein drittes Mal wiederholen. Den abgegossenen Saft süßen. 10 Minuten kochen, dabei abschäumen und in Flaschen füllen, die sofort mit Gummikappen verschlossen werden. – Schlehensaft schmeckt zu Süßspeisen, läßt sich aber auch heiß mit Rotwein, Nelken, Zimt und Zucker zu Schlehenpunsch verfeinern.

Schlehenschnaps

500 g Schlehenfrüchte
100 g Kandis
1 Flasche Korn

Die Schlehen gut verlesen, waschen und völlig trocknen. Die Früchte zu gleichen Teilen auf zwei leere Flaschen verteilen. Es sollten einige Schlehen mit den Kernen zerstoßen werden, da sie ein feines Aroma abgeben. In jede Flasche 50 g Kandis geben und je ½ Flasche Korn gießen. Wer den Schlehenschnaps etwas würziger liebt, sollte in jede Flasche 3 Gewürznelken geben. Die Flaschen verschließen und wenigstens 6 Wochen bei Zimmertemperatur stehenlassen. Der Kandis muß vollständig gelöst sein. Die Flaschen hin und wieder schütteln. Nach 6–8 Wochen den Schnapsansatz kräftig schütteln und durch ein Seihtuch abfiltern. Schlehenschnaps kalt servieren.

Süßsaures Schlehenkompott

500 g Schlehen
1 kleine Tasse Essig
150 g Zucker
3 Nelken
1 Stückchen Stangenzimt

Den mit 4 Tassen Wasser verdünnten Essig mit Zucker und Gewürzen durchkochen. Die Schlehen in kleine Gläser füllen, mit Essigwasser übergießen.

Traubenkirsche

Wildfruchtkonfitüre

500 g Beeren der Traubenkirsche
500 g Preiselbeeren
500 g Brombeeren
3 Gewürznelken
1 kl. Stange Zimt
1 ungespritzte Zitrone
1,5 kg Gelierzucker

Alle Beeren verlesen und waschen. Die Früchte mit 4–5 Eßlöffel Wasser, den Nelken, dem Zimt, dem Zitronensaft, der abgeriebenen Zitronenschale und dem Gelierzucker in einen Topf geben und 5–8 Minuten sprudelnd kochen lassen. Nach der Gelierprobe die Fruchtmasse heiß in Gläser füllen.

Wacholder

Wacholderlikör

2 Tassen frische Wacholderbeeren
1 l Branntwein
250 g Zucker

Die Beeren leicht zerquetschen und zu gleichen Teilen in zwei Flaschen füllen. Darauf je ½ l Branntwein gießen. Die aufgesetzten Beeren etwa 10 Tage in der Sonne oder an einem Ofen stehenlassen. Damit sich das Aroma besser entwickeln kann, den Inhalt der Flaschen häufig schütteln. Dann den Alkohol absieben. Zucker mit gut ½ l Wasser zu Sirup einkochen, anschließend mit dem abgefilterten Alkohol gut vermischen. Den so entstandenen Likör nochmals 1 Woche in die Sonne stellen und erst dann auf passende Likörflaschen ziehen.

Walderdbeeren

Eingezuckerte Walderdbeeren

200 g Walderdbeeren
2 Eßl. Zucker

Die abgebrausten Beeren mit dem Zucker vermischen und 1 Stunde ziehen lassen. In kleineren Mengen sehr gut als Beimischung zu Gartenerdbeeren, die dadurch viel aromatischer werden.

Erdbeerquark

250 g Walderdbeeren
3 Eßl. Zucker
250 g Quark
⅛ l Milch

Die abgebrausten Beeren einzuckern und zwei Stunden ziehen lassen. Den Quark mit Milch glattrühren und die gezuckerten Erdbeeren untermischen.

Erdbeermüsli

200 g eingezuckerte Walderdbeeren
1 Eßl. Zitronensaft
1 l Milch
2 Eßl. Bienenhonig
8 Eßl. Cornflakes

Die eingezuckerten Beeren auf vier Teller verteilen, mit etwas Zitronensaft beträufeln, mit je ¼ l Milch übergießen, Honig darin verrühren und mit je 2 Eßl. Cornflakes überstreuen.

Walderdbeersaft

3 kg Walderdbeeren
3 l Wasser
80 g Weinsteinsäure
500 g Zucker

Die Weinsteinsäure in 3 l kochendem Wasser auflösen. Die verlesenen Beeren jetzt mit dem Wasser übergießen und 24 Stunden stehen lassen. Den Saft auspressen und filtrieren. Den Zucker unter ständigem Rühren im Fruchtsaft auflösen und einmal kurz sprudelnd kochen lassen. Den fertigen Saft in Flaschen abfüllen.

Walderdbeerkonfitüre

1 kg Walderdbeeren
1 kg Zucker

Zunächst die Walderdbeeren vom Stiel entfernen und nur ganz leicht überbrausen. Die Früchte jetzt mit dem Zucker vermengen und 24 Stunden in einer Porzellanschüssel stehen lassen. Den enstandenen Saft abgießen und in einem besonderen Topf „dick" kochen. Nun die Beeren wieder zugeben und die Fruchtmasse 5 Minuten kochen. Die fertige Konfitüre etwas erkalten lassen. Die abgekühlte Masse in Gläser füllen und mit Rumpapier bedecken. Gläser anschließend sofort verschließen.

Waldhimbeeren

Rote Grütze mit Waldhimbeeren

250 g Waldhimbeeren
250 g Waldjohannisbeeren
250 g Zucker
90 g Speisestärke

Die sauber verlesenen Waldfrüchte mit ¾ l Wasser kochen, bis die Beeren zerfallen. Die Fruchtmasse durch ein Sieb laufen lassen, den abgelaufenen Saft mit dem Zucker versetzen und kurz aufkochen. Jetzt die Speisestärke mit etwas kaltem Wasser anrühren und den Fruchtsaft damit andicken. Die

Früchte unterziehen, in Glasschalen füllen und kalt stellen. Die Rote Grütze mit Vanillesoße oder Schlagsahne servieren.

Wildfruchtkonfitüre mit Waldhimbeeren

500 g Waldhimbeeren
500 g Brombeeren
500 g Waldstachelbeeren
3 Gewürznelken
1 Stange Zimt
1 ungespritzte Zitrone
1,5 kg Gelierzucker

Zubereitungszeit etwa 1 Stunde. Alle Beeren verlesen und gut waschen. Die Früchte mit 4 Eßl. Wasser, den Nelken, dem Zimt, dem Zitronensaft, der abgeriebenen Zitronenschale und dem Gelierzucker in einen Topf geben und 5–8 Minuten sprudelnd kochen lasssen. Danach etwas abkühlen lasssen, aber noch heiß in Gläser füllen.

Waldhimbeersirup

2,5 kg Waldhimbeeren
300 g Zucker

Die Waldhimbeeren in ¾ l Wasser zum Kochen aufsetzen. Wenn die Beeren geplatzt sind, die kochende Fruchtmasse durch ein Seihtuch laufen lassen. Den Saft mit Zucker versetzen, 2–3 Minuten aufkochen und anschließend in Flaschen abfüllen.

Fruchtquark mit Waldhimbeeren

500 g Waldhimbeeren
500 g Quark
1 Zitrone
1 Päckchen Vanillezucker
¼ l Sahne
Zucker nach Geschmack

Die Waldhimbeeren verlesen und waschen. Die Beeren mit dem Saft der Zitrone im Mixer pürieren. Jetzt den Zucker und den Quark unterrühren und nochmals kurz im Mixer quirlen. Mit Zucker abschmecken und durch Unterziehen von Schlagsahne und Vanillezucker verfeinern.

Waldhimbeer-Eiscreme-Shake

250 g Waldhimbeeren
1 l Milch
1 Familienpackung Vanilleeis
$^1/_8$ l Sahne
Schokoladenraspel

Die Waldhimbeeren sauber verlesen und waschen. Die Früchte mit Milch und etwas Zucker im Mixer vermischen und das gewürfelte Eis vorsichtig unterrühren. Die Masse nun in Gläsern anrichten und sofort servieren.

Soße von Waldhimbeeren

Saft von einer Orange
3 Eßl. Puderzucker
200 g Waldhimbeeren
1 Gläschen Himbeergeist

Zunächst den Orangensaft in einem Topf heiß werden lassen, den Zucker zugeben und sich ganz auflösen lassen. Jetzt die frischen Waldhimbeeren, die vorher leicht mit einer Gabel angedrückt wurden, unterrühren. Diese Masse leicht zum Sieden bringen, den Topf von der Herdplatte nehmen und den Himbeergeist einträufeln. Diese Soße zu Grießauflauf oder Vanilleeis servieren.

Waldhimbeer-, Walderdbeerschale

1 Tasse Walderdbeeren
1 Tasse Waldhimbeeren
etwas Streuzucker
2 Eßl. Zitronensaft
200 g Schlagsahne
1 Gläschen Kirschwasser

Die Himbeeren und Erdbeeren sauber verlesen, waschen und leicht abtropfen lassen. Die Früchte mischen, nach Bedarf leicht zuckern und mit Zitronensaft beträufeln. Um die Fruchtschale pikant zu machen, das Kirschwasser übergießen. Die Sahne schlagen, kleine Häubchen formen und die fertige Fruchtschale damit verzieren.

Waldhimbeerlikör

500 g Waldhimbeeren
$^1/_2$ l Korn oder Weinbrand
200 g Zucker

Die Beeren in einem Einmachglas mit Alkohol übergießen, das Glas verschließen und 3 bis 4 Wochen an einen sonnigen, warmen Ort stellen. Den Zucker in ¼ l Wasser auflösen, aufkochen und wieder abkühlen lassen, mit den alkoholisierten Waldhimbeeren mischen und filtrieren. In Flaschen füllen und längere Zeit reifen lassen.

Waldjohannisbeeren

Wildfruchtkonfitüre

500 g Waldjohannisbeeren
500 g Walderdbeeren
500 g Waldstachelbeeren
3 Gewürznelken
1 kl. Stange Zimt
1 ungespritzte Zitrone
1,5 kg Gelierzucker

Alle Beerensorten verlesen und waschen. Die Früchte mit 4 Eßl. Wasser, den Nelken, dem Zimt, dem Zitronensaft, der abgeriebenen Zitronenschale und dem Gelierzucker in einen Topf geben und 5–8 Minuten sprudelnd kochen lassen. Die gekochte Fruchtmasse leicht abkühlen lassen, aber noch heiß in Gläser füllen.

Waldjohannisbeerkaltschale

500 g Waldjohannisbeeren
4 Eßl. Honig
½ l Milch
50 g Kokosraspeln
einige Makronen
etwas Cognac

Die Waldjohannisbeeren zunächst sauber verlesen und mit ½ l siedendem Wasser überbrühen, abkühlen lassen und durch ein Sieb passieren. Die Fruchtmasse nun mit dem Honig, der kalten Milch, den Kokosraspeln und ein paar Tropfen Cognac verrühren. Die Masse in Suppentassen füllen und gut gekühlt, mit Makronen garniert, servieren.

Waldstachelbeeren

Wildobstkonfitüre

500 g Waldstachelbeeren
500 g Walderdbeeren
500 g Waldhimbeeren
4 Gewürznelken
1 Stange Zimt
1 ungespritzte Zitrone
1,5 kg Gelierzucker

Alle Beeren zunächst verlesen und waschen. Die Früchte mit etwas Wasser, den Nelken, dem Zimt, dem Zitronensaft, der abgeriebenen Zitronenschale und dem Gelierzucker in einen Topf geben und 5–8 Minuten sprudelnd kochen lassen. Die Fruchtmasse etwas erkalten lassen und in Gläser füllen.

Waldbeerenfrüchte-Terzett

250 g Waldstachelbeeren
250 g Waldhimbeeren
250 g Walderdbeeren
100 g Zucker
60 g Speisestärke

Die verlesenen Waldstachelbeeren zerteilen und zu den verlesenen und gewaschenen Waldhimbeeren geben. Die verlesenen, gewaschenen und zerteilten Walderdbeeren darüber passieren. ½ l Wasser und Zucker aufkochen und mit der angerührten Speisestärke binden. Diesen heißen Brei unter die Waldfrüchte geben und in einer Schüssel erkalten lassen. Das Terzett mit Sahne oder Vanillesoße servieren.

Waldstachelbeersoße auf englische Art

500 g nicht ganz reife Waldstachelbeeren
⅛ l Weißwein
1 Teelöffel scharfer Senf
5 Eßlöffel Mayonnaise

Die sauber verlesenen und gewaschenen Waldstachelbeeren in Weißwein kochen, bis die Beeren zerfallen. Das Fruchtmus durch ein Sieb streichen und abkühlen lassen. Dann mit Senf und Mayonnaise vermischen.

Früchtemischung mit Rotweingelee

Einige Stachelbeeren
200 g Himbeeren
200 g rote und einige schwarze
Johannisbeeren
5 Eßl. Zucker
1½ Beutel Speisegelatine
¾ l Rotwein

Die Stachelbeeren zerschneiden, mit den übrigen Beeren und 4 Eßlöffel Zucker mischen, 1 Stunde durchziehen lassen und in Weingläser füllen. Die Gelatine in etwas Wein vorquellen. Den restlichen Wein in einen Topf geben, zuckern, die gequollene Gelatine zugeben und erhitzen, bis sich die Gelantine völlig aufgelöst hat. Etwas abkühlen lassen und über die Früchtemischung geben. Kalt werden lassen.

Weißdorn

Weißdorn-Fruchtmus

1 kg Weißdornbeeren
etwas Streuzucker
2 Eßl. Zitronensaft
1 Gläschen Weinbrand

Die sauber verlesenen und gewaschenen Weißdornbeeren, knapp mit Wasser bedeckt, langsam weich kochen. Wenn alle Beeren geplatzt sind, die Fruchtmasse mit einem Stampfer quetschen. Die Masse durch ein Sieb streichen und je nach Bedarf etwas süßen. Um das Mus pikanter zu machen, Zitronensaft und (gegebenenfalls) ein Gläschen Weinbrand unterrühren.

Weißdorn-Holunder-Gelee

1 kg Weißdornbeeren
1 kg Holunderbeeren
1 kg Gelierzucker
2 Eßl. Zitronensaft

Da die Festigkeit der Beeren sehr unterschiedlich ist, die Früchte getrennt, knapp mit Wasser bedeckt, gut auskochen. Beide Fruchtmassen jetzt durch ein Seihtuch laufen lassen. Den Saft (etwa 1 Liter) im Verhältnis 1:1 mit Gelierzucker mischen, den Zitronensaft zugeben und unter ständigem Rühren kochen. Nach der Gelierprobe das Gelee heiß in Gläser füllen und sofort verschließen.

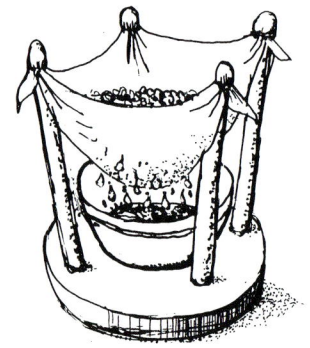

Bei Vergiftungen und Vergiftungsverdacht

Viele Pflanzen sind auch gefährliche Giftträger. Erstaunlicherweise bedroht das Gift von Beeren und bei einigen Arten auch von Blättern und Rinde das Leben der meisten Tiere nicht, während Menschen durch den Genuß schwere Erkrankungserscheinungen davontragen können. In einzelnen Fällen können größere Mengen auch tödlich wirken. Wie die meisten ungiftigen oder wohlschmeckenden Beeren und Früchte, zeigen auch die giftigen in ihrer Reifezeit Signalfarben: Das scharlachähnliche Rot, das schöne Blau und das glänzende Schwarz.

Vor allem *Kinder* müssen vor dem Genuß der so verlockend aussehenden giftigen Beeren geschützt werden. Die Tollkirsche und die Beeren des Maiglöckchens können für Kinder tödlich sein. Andere Beeren rufen Krämpfe, Erbrechen, Durchfall und schmerzhafte Entzündungen der Mund-, Magen- und Darmschleimhaut hervor.

Zum Schutz der Kinder müssen die Eltern erkennen können, was giftig oder eßbar ist. Sie müssen warnen und den Kindern einprägen, keine Beeren zu pflücken und zu essen, die sie nicht kennen.

Ist das Unglück doch einmal geschehen, halte man sich an folgende Maßnahmen:

1. Allgemeine Erste Hilfe

Ausbrechen des Giftes
Der Vergiftete soll viel Wasser oder mit Wasser verdünnten Saft trinken.
Keine kohlensäurehaltigen Getränke!
Dann wird der Vergiftete mit Kopf und Gesicht nach unten über den Schoß eines Erwachsenen gelegt, so daß der Bauch zusammengedrückt wird. Mit dem Finger, einem Bleistift oder einem anderen Gegenstand wird der Vergiftete im Rachen gereizt, bis er den Mageninhalt ausbricht.
Achtung! Erbrochenes zur Untersuchung aufbewahren!
Nach dem Erbrechen sollten einfache Kohletabletten zusammen mit Glaubersalz (Natriumsulfat) in einem Glas Wasser gelöst eingegeben werden. (Bei Kindern 10 Kohletabletten zusammen mit 15 g Glaubersalz = 1 gestrichener Eßlöffel voll, bei Erwachsenen jeweils die doppelte Menge.) Die Kohle bindet die meisten Giftstoffe; Glaubersalz ist ein rasch wirkendes, harmloses Abführmittel.
Achtung! Kein Rizinusöl geben!
Viele Giftstoffe werden in Verbindung mit Fetten rascher absorbiert. Auch fetthaltige Milch kann daher nachteilig sein.

Bewußtlose Vergiftete müssen auf den Bauch oder – besser – in die „stabile Seitenlage" gelegt werden. Reste von Erbrochenem aus dem Mund entfernen, da der Bewußtlose sonst erstickt.

Bei Atemstillstand bis zum Wiedereintritt der Atmung durch Mund-zu-Mund-Beatmung künstlich beatmen. Dazu kniet man sich neben den Hinterkopf des seitlich Liegenden, beugt sich über ihn und bläst ihm etwa alle 5 Sekunden kräftig in die Nase, wobei man den Mund zuhält, oder in den Mund, wobei man die Nase zuhalten muß.

2. Spezielle Maßnahmen bei folgenden Symptomen

Bei starker Erregung:
Ruhig auf den Vergifteten einreden; ohne ärztliche Anweisung keine Beruhigungsmittel geben.

Bei Kreislaufschwäche und Benommenheit:
Anregende Mittel, wie starken schwarzen Tee oder Bohnenkaffee, geben. Schwarzer Tee ist meist vorzuziehen, da Kaffee den Magen reizt.

Bei Reizungen des Magen-Darm-Traktes:
Haferschleim, fettfreie Fleischbrühe oder fettarme, mit Wasser zu gleichen Teilen verdünnte Milch. Fehlt das alles, so kann Eiweiß *(ohne Eigelb!)* mit heißem, gesalzenen Wasser verquirlt gegeben werden.

Bei Durchfällen:
Zunächst ist Durchfall erwünscht, er sollte aber nicht von Krämpfen begleitet sein. Ein Durchfall beschleunigt die Giftausscheidung und verringert die Resorptionsgefahr. Krämpfe sind jedoch meist ein Zeichen starker Schleimhautreizungen des Darmes und sollten vom Arzt behandelt werden:
Bei länger anhaltenden Durchfällen, auch ohne Krämpfe, sollten Kohle oder schwarzer Tee gegeben werden.

Kurz und knapp

Erste Hilfe bei Vergiftungen

- Sofort ärztliche Hilfe holen!
- Viel trinken lassen – warmes Wasser! Kein Alkohol! Keine Milch!
- Erbrechen lassen – Kopf nach unten!
- Aufbewahren des ersten Erbrochenen – Giftnachweis!
- Wiederholt trinken und erbrechen lassen!
- 10–20 Kohletabletten und 1–2 Eßlöffel Glaubersalz in einem Glas Wasser auflösen!

Register der deutschen Namen

Register der wissenschaftlichen Namen

Bildnachweis

Botanik-Bildarchiv Laux: S. 11, 27, 47 oben links, 63, 65, 91, 95 oben links, 109, 111, 113 unten, 133 unten.

G. Mattheis: S. 45 unten rechts, 67 unten, 99 unten rechts, 105 oben rechts, 119 unten.

Alle anderen vom Autor.